Stefan Baehr · Jörg Wilhelmy

Tauchreiseführer

Ostsee

KOSMOS

Inhalt

DÄNEMARK
Hørup Hav
Holnis-Haken
Brunsnaes
Ochseninsel
Quellental
FLENSBURGER FÖRDE
Flensburg
Steinberg Haff
Flensburger Förde S. 38
SCHLESWIG-
HOLSTEIN
S. 76
KIE
Schlei
Schleswig
Bookniseck
Eckernförder Bucht
Langhoved
Eckern-
förde
WTD 71
Noer
Surendorf
Bülk
Strande
Falkenstein
Korügen
Holtenau
Kitzeberg
Mönkeberg
Kiel
DEUTSCHL
A
B
C
D
E
F
G
H
I
J
K
L
M
O
Q
R
Legende Schiffwracks
A „Doppelwrack" S. 46
B MS Transport S. 48
C Habed S. 51
D Schnellboot S 103 S. 54
E Erik S. 61
F „Steinfrachter" S. 63
G Inger Klit S. 65
H Sophie S. 71
I Räumboot R 222 S. 87
J Svendborgsund S. 90
K „Mittelgrundwrack" S. 94
L Nordland S. 98
M „Betonschute" S. 100
N Sten Trans S. 122
O Kayt S. 127
P „Kleiner Frachter" S. 130
Q Voitja S. 133
R Brage S. 138
S Falke S. 153
T Nordfahrt S. 156
U „Prahm bei Burgstaaken" S. 159
V Heimwärts S. 163
W Falke (BUR5) S. 165
X Deutschland S. 177
Y Cap Arcona S. 182
Z Holstentor S. 183
N
W
O
S
0
10
20
30
40
Kilometer

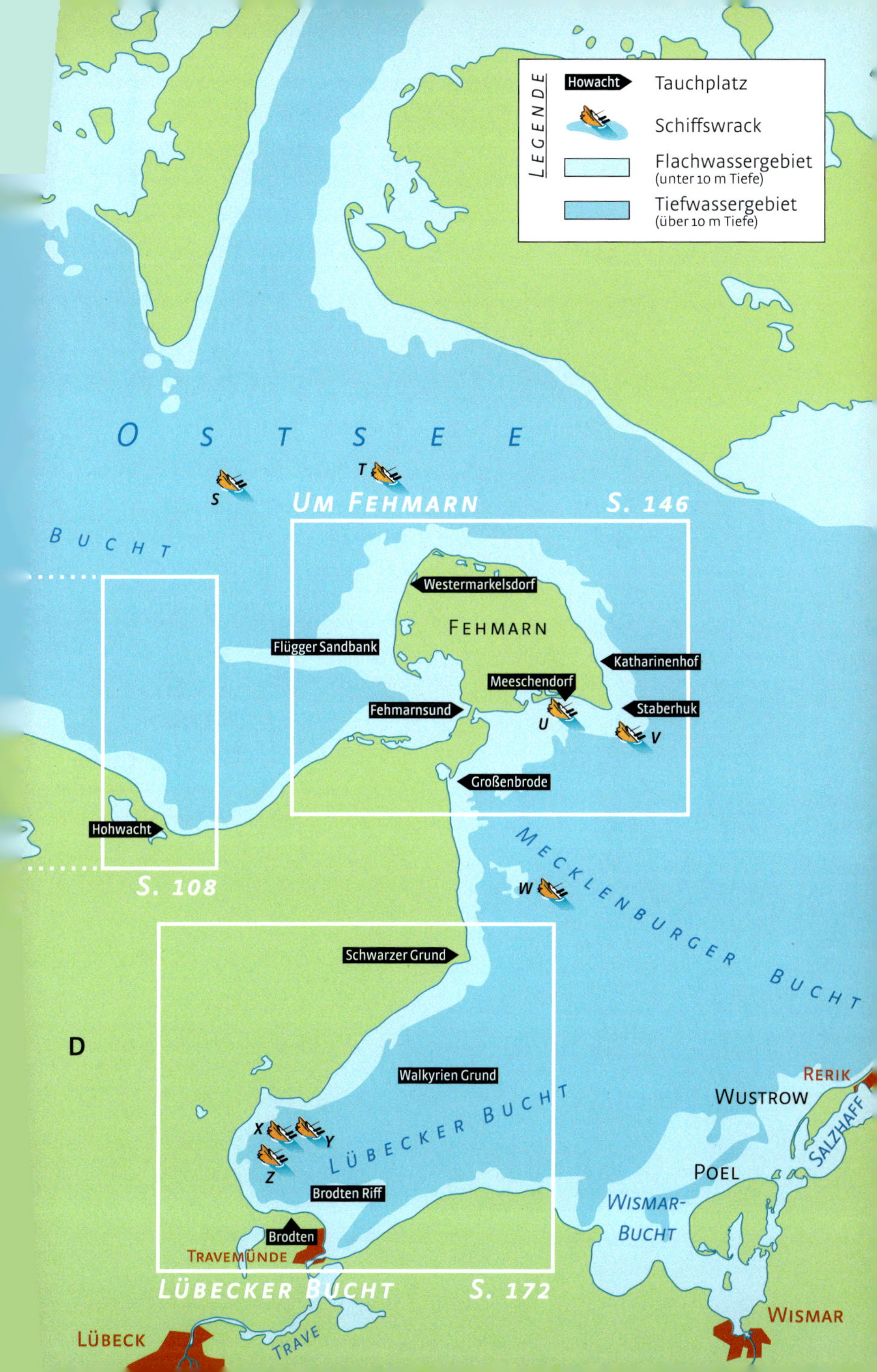

LEGENDE
Howacht
Tauchplatz
Schiffswrack
Flachwassergebiet
(unter 10 m Tiefe)
Tiefwassergebiet
(über 10 m Tiefe)
OSTSEE
T
S
UM FEHMARN
S. 146
BUCHT
Westermarkelsdorf
FEHMARN
Flügger Sandbank
Katharinenhof
Meeschendorf
Fehmarnsund
Staberhuk
U
V
Großenbrode
Hohwacht
MECKLENBURGER BUCHT
S. 108
W
Schwarzer Grund
D
Walkyrien Grund
LÜBECKER BUCHT
X
Y
Z
Brodten Riff
Brodten
TRAVEMÜNDE
LÜBECKER BUCHT
S. 172
RERIK
WUSTROW
SALZHAFF
POEL
WISMAR-BUCHT
WISMAR
LÜBECK
TRAVE

Vom Brandtaucher zum Sporttaucher

Lange bevor der Begriff »Sporttauchen« überhaupt erfunden war, beschäftigten sich die Schleswig-Holsteiner schon mit dem Tauchen. Genauer gesagt war es ein bayerischer Unteroffizier »II. Classe« namens Wilhelm Sebastian Bauer, der bereits um 1850 die Idee für ein von ihm entworfenes Unterseeboot, den »Brandtaucher«, entwickelte. Damit, so erläuterte er einer den Kopf schüttelnden preußischen Marineführung, wollte er unter Wasser ungesehen an feindliche Ziele heranschwimmen, um diese dann in die Luft zu sprengen. Es bedurfte schon einiger Überzeugungsarbeit, bis eine Sammlung etwa 3000 Courant (heute ca. 21 000 Euro) für das seinerzeit wirklich umwälzende Vorhaben erbrachte. Was dann allerdings dabei herauskam, entsprach keineswegs mehr den Berechnungen seines genialen Erfinders. Statt der zunächst geforderten 12 mm hatten die zusammengenieteten Eisenplatten der Bordwände nur noch eine Stärke von 6 mm. Auch an der technischen Ausrüstung hatte man immer wieder Abstriche gemacht. Das Ergebnis war dennoch ein Fahrzeug von 7,9 m Länge, 2 m Breite und 3,5 m Höhe. Sein größtes Manko war, dass das Ballastwasser frei in das Fahrzeug lief. Um es zu lenzen, waren zwei Handpumpen installiert.

Trotzdem wagten Bauer und zwei Kameraden im Februar 1851 einen ersten Tauchgang im Kieler Hafen. Wie er ablief, dokumentierte der Berichterstatter des »Itzehoer Wochenblatts« am 5. Februar 1851 für die geneigte Leserschaft mit folgenden Worten: »Es wird unseren Lesern nicht unbekannt sein, dass in Kiel ein Tauchschiff erbaut wurde, dessen Bestimmung es war, sich feindlichen Schiffen unter dem Wasser zu nähern, eine Petarde daran zu befestigen und selbige aus einiger Entfernung durch eine galvanische Batterie zu entzünden. Die Idee dazu ward von dem Erfinder, Unterofficier Bauer, früher in Bairischen Diensten, im Jahre 1848 gefasst, als er mit dem damaligen Reichsheere im Sundewith lag und sich darüber ärgerte, dass die Dänischen Schiffe unangefochten und ungestraft die Deutsche Landmacht verhöhnen durften. Nachdem er in den Dienst der Herzogtümer übergetreten, construirte er, während er in Neustadt lag, auf eigene Hand Modelle, eine höheren Orts niedergesetzte Commission prüfte die Idee, fand sie ausführbar, und es ward in der Armee eine Subscription zur Deckung der nicht unerheblichen Kosten eröffnet. Darauf ging der Bau in Schweffel's und Houwald's Maschinenfabrik in Kiel vor sich.

Modell des „Brandtauchers von Marx. Aus: Herold, Klaus: »Der Kieler Brandtaucher«, Bernard & Graefe Verlag, Bonn

Die erste Probe missglückte: das circa 70 000 Pfund schwere Schiff sank und konnte nur mit großen Mühen wieder gehoben werden. Nachdem es reparirt, erfolgte am 1sten Febr. ein neuer Versuch. Der Erfinder Bauer begab sich mit 2 Freiwilligen von der Marine in das Taucherschiff, ließ es wiederholt sinken und brachte es nach einiger Zeit, während welcher es unter dem Wasser manövrirte, glücklich wieder in die Höhe. Um 10 Uhr vormittags sollte das Schiff noch einmal, und zwar bei größerer Tiefe, sinken. Dies hatte die traurige Folge, dass der Wasserdruck für das Schiff zu stark ward, die Seitenwände gaben nach, wodurch Luft entwich und Wasser eindrang, während zugleich die Pumpen, welche Wasser einlassen und entfernen, wodurch das Steigen und Sinken regulirt wird, unklar wurden.
Sobald man sich von der gefährlichen Lage der kühnen Taucher überzeugt hatte, wurden 2 Kanonenböte hinausgelegt, um das Schiff zu heben, zu welchem Zwecke Taue niedergelassen wurden. Man hörte die Taucher stundenlang arbeiten, um die Taue zu befestigen, doch wollte es nicht gelingen. Endlich, um 3 Uhr Nachmittags, zeigten sich mächtige Luftblasen im Wasser, und darin stiegen die Taucher zur Oberfläche empor. Sie hatten in einem ganz schmalen Raume, bis an die Brust im Wasser und von da an in fest zusammengedrückter Luft stehend, unter den größten Beschwerden gearbeitet, sodass sie in Schweiß gebadet wurden. Dabei stellten sich Uebelkeiten ein. Endlich gelang es ihnen, als sie fast schon an der Rettung verzweifelten, einige Schrauben zu einer engen Klappe zu öffnen, worauf der Luftdruck das Uebrige

that. Sie stellten sich gerade unter die Luke, als dieselbe nachgab, und flogen wie Champagnerkorken in die Höhe. Leider stieß sich der Eine der Freiwilligen an dem einen Kanonenboote, wodurch er nicht unerheblich verletzt wurde. Der Andere, sowie Bauer, sind ganz wohl davongekommen. Man muss es erwarten, ob die bei dieser Gelegenheit kennen gelernten neuen Schwierigkeiten sich beseitigen lassen werden.«

Bauers größter Fehler war wohl, wie hätte er es auch wissen können, dass ein Boot unter Wasser anderen Gesetzen gehorcht und sehr von seiner Stabilität verliert. Den physikalischen Gesetzen folgend, sammelte sich das Ballastwasser im Boot an der tiefsten Stelle und verschob damit auch die zunächst austarierte Lage. Als der Brandtaucher achtern zu sinken begann, war auch mit dem Verschieben der Gewichte nichts mehr zu retten. Die Lenzpumpen lagen trocken. Innerhalb von nur Minuten sank der Brandtaucher auf den Grund der Kieler Förde in eine Tiefe von damals unvorstellbaren »30 Fuß«, das sind rund 8,6 m.

Unrühmlich endete also der erste Tauchgang an der schleswigholsteinischen Küste. Dennoch kann dieser Tauchgang sich einer Besonderheit rühmen: Bauer und seine Besatzung praktizierten den ersten überlieferten freien Aufstieg aus einem havarierten Tauchfahrzeug. 1887 wurde der Brandtaucher zufällig entdeckt und geborgen. Heute steht er, restauriert im einstigen VEB Schiffswerft »Neptun« in Rostock, im Armeemuseum in Dresden.

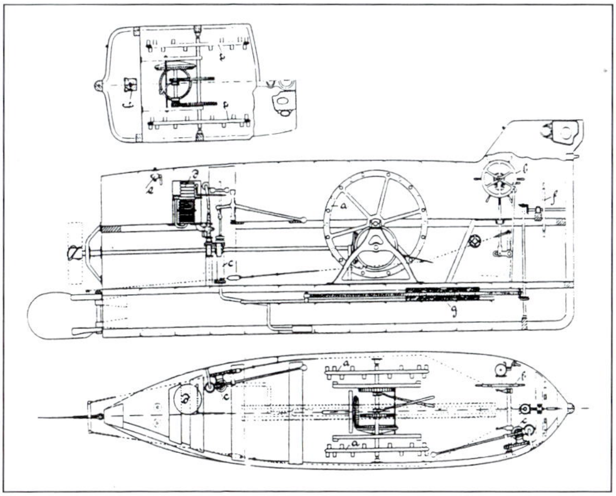

Wilhelm Bauers Brandtaucher, Kiel 1850/51. Nach Busley. Aus: Herold, Klaus: »Der Kieler Brandtaucher«, Bernard & Graefe Verlag Bonn

Zur Ehrenrettung Bauers muss aber noch gesagt werden, dass sein Brandtaucher nach späteren Berechnungen voll funktionstüchtig gewesen wäre, hätte man ihn nach den ursprünglichen Plänen seines Konstrukteurs gebaut. Abgeschreckt hat er die Kieler dennoch nicht von dem Wunsch, in die Tiefe zu gehen. Auch heute noch werden in der Kieler Förde U-Boote gebaut. Von ihnen soll aber nun nicht mehr die Rede sein – vielmehr von jenen Sporttauchern, die heute dort einsetzen, wo Wilhelm Bauer damals aufgeben musste: in einer Tiefe, die typisch ist für den gesamten Bereich der Ostseeküste Schleswig-Holsteins. Schleswig-Holstein ist sicherlich nicht das »ideale« Tauchrevier – denkt man an blaue Lagunen, warmes Wasser und nahezu endlose Sicht. In der Tat fällt die Verarmung der Tierwelt auf dem Sandgrund wesentlich stärker auf als in anderen Biotopen. Doch jede Wüste hat auch Oasen. »Ideal« ist die Ostsee dagegen für den Anfänger, der vor allem Erfahrungen sammeln möchte. Zu sehen gibt es – wenn man sich ein wenig Zeit nimmt und danach sucht – jedenfalls viel. Dabei muss man noch nicht einmal tief tauchen. Vieles spielt sich in Tiefen bis 15 m ab. Und in dieser Tiefe ist die Ostsee gar nicht so dunkel und undurchdringbar, wie sie auf den ersten Blick hin erscheint. Sichtweiten von 5 m und mehr an guten Tagen im Frühjahr und Herbst sind keine Seltenheit. Im Sommer kann man allerdings wegen der Algen- und Planktonblüte schon mal weniger als 1 m haben – dann rät es sich, den Tauchplatz zu wechseln. Schon wenige Kilometer weiter und ein paar Meter tiefer wegen der Sprungschichten kann die Sicht bedeutend besser sein.

Noch ein Wort zu den Wassertemperaturen. So warm wie das Mittelmeer wird die Ostsee nie – von einigen Uferbereichen mal abgesehen, in denen das Wasser im Hochsommer durchaus 20 °C haben kann. Mit einem halbtrockenen Anzug lassen sich aber Temperaturen ab 10 °C noch bestens meistern. Das heißt, die Ostsee bietet sich schon ab Ende April bis praktisch Ende Oktober/Mitte November für einen Tauchausflug an, besonders wenn man das Tauchen mit einem Besuch der zahlreichen Sehenswürdigkeiten verbindet. Entlang der Küste befinden sich (kleine) Tauchbasen, wo man seine Flaschen auffüllen oder sogar welche leihen kann. Die meisten Tauchreviere sind von Kiel aus schon in gut einer Stunde Autofahrt zu erreichen.

Und noch eine Besonderheit sollte man beim Thema Tauchen in der Ostsee nennen. Mehr als 4000 Schiffswracks oder Wrackreste liegen auf dem Grund von Nord- und Ostsee. Einige der schönsten Wracks sind dabei in den küstennahen Gewässern zwischen der Flensburger Förde und der Lübecker Bucht zu finden. Kleinere Fischkutter und größere Yachten blieben meist dort liegen, wo sie auf Grund gelaufen oder untergegangen sind, denn auch die Versicherungen haben oft kein Interesse daran, sich noch mehr Kosten als notwendig aufzuhalsen. Oft lohnt sich ihre Bergung nämlich nicht, also lässt man sie vielfach dort, wo sie sind. Wenn diese Wracks ein Hindernis darstellen, werden sie allerdings von den Behörden entweder geborgen oder gesprengt. Auch hier sprechen wir wieder über Tiefen bis um 20 m.

Überall entlang der Küste finden sich noch immer einige relativ gut erhaltene kleinere Wracks meist in Strandnähe, die längst von Muscheln und Algen erobert und so zu einem Lebensraum für allerlei Getier geworden sind. Gerade diese Wracks – darunter auch noch einige aus dem Zweiten Weltkrieg – warten immer darauf, »entdeckt« zu werden. Ein Tauchgang zu einem untergegangenen 10 m langen Fischkutter, den das Licht der Sonne in 7 m oder 8 m Tiefe gerade noch erreicht, kann so zu einem Erlebnis werden. Wenn man bereit ist – und das gilt für alle Tauchgänge in der Ostsee –, seine Erwartungen nicht zu hoch zu schrauben. Die Vielfalt ist sicherlich da, wenn auch etwas kleiner und bescheidener als in südlichen Gefilden. Der Reiz der Ostsee offenbart sich für den geduldigen Taucher mit einem Sinn für das Detail oft erst auf den zweiten Blick. Statt einem Zackenbarsch schaut man hier eben einem Dorsch »tief« ins Auge.

Der Seestern *Asterias* ist der einzige in der Ostsee vorkommende Seestern.

Lebensraum Ostsee – Fakten über ein bedrohtes Ökosystem

Schleswig-Holsteiner leben da, wo andere Urlaub machen, sagt man an der Küste. Was könnte in der Tat schöner sein als bunte Strandkörbe in der Sonne auf sauberen, feinsandigen Stränden, und Wellen, die sanft ans Ufer plätschern. Da passen aktuelle Schlagzeilen wie »Fischsterben«, »Kloake«, »Überdüngung« und »Robbensterben« gar nicht in das Bild der Urlauberidylle. Sicher ist die Ostsee kein totes oder sterbendes Meer. Aber nichts kann darüber hinwegtäuschen, dass die Ostsee ein bedrohtes Meer ist, auch wenn sich in den letzten Jahren einiges gebessert hat. Noch ist die Gefahr, dass die Ostsee vielerorts alljährlich »umkippt«, nicht gebannt.

Die Ostsee ist das größte Brackwassermeer der Welt! Sie entstand vor rund 12 000 Jahren, als die Eismassen zu schmelzen begannen und nach und nach eine Senke freigaben, die heute den Grund der Ostsee bildet und in der sich seinerzeit Schmelz-, also Süßwasser sammelte. Letztendlich floss Salzwasser aus der Nordsee in diesen »See« und vermischte sich. Das hat sich bis heute nicht geändert. Deswegen weist die Ostsee auch einen Salzgehalt auf, der vom Eingang der Ostsee bis in die nördlichen und östlichen Buchten kontinuierlich abfällt. Dank dieser Besonderheit beherbergt die Ostsee heute jenen vergleichsweise kleinen Anteil aus der Nordsee stammender Tiere und Pflanzen, die mit den verringerten und zudem noch schwankenden Salzgehaltsbedingungen leben können.

Wracks als Biotope

Für Meeres-Hartböden sind u.a. festsitzende Tiere eine charakteristische Organismengruppe. An der deutschen Ostseeküste stehen diesen Organismen leider nur wenige natürliche Hartböden zur Verfügung. Folglich stellen versunkene Schiffe eine Attraktion für festsitzende Tiere dar, und die im freien Wasser umherschwimmenden Larven besiedeln diese »sekundären Hartböden« in großer Zahl. Dicht mit festsitzenden Tieren bewachsene Wracks ziehen eine Reihe von gut beweglichen Kleinstorganismen an, da sie dort Schutz und Unterschlupfmöglichkeiten finden. Zwangsläufig folgen räuberische Arten sowie Allesfresser wie zum Beispiel der Seestern Asterias oder die Strandkrabbe. Ein Wrack kann so in kurzer Zeit ein neuer attraktiver Lebensraum der Ostsee werden. Als typische festsitzende Organismen sollen nachfolgend die Seenelken, die Miesmuscheln, die Seepocken und die Seescheiden vorgestellt werden.

Seenelken sind wahre Überlebenskünstler.

Seenelken

Die Seenelken gehören in die große Gruppe der Nesseltiere. Ihr Körper besteht aus einem Tentakelkranz, der die Mundöffnung umgibt, einem schlauchförmigen Körper und einer Fußscheibe, mit der sich die Seenelke am Untergrund festsaugt. Sie streckt bei guten Strömungsverhältnissen ihre Tentakel weit ins freie Wasser. Mit Hilfe winzig kleiner Giftwaffen (Nesselzellen) auf den Tentakeln erbeutet sie kleinste Planktonorganismen, die im freien Wasser umherschwimmen. Die Nahrung wird anschließend über mikroskopisch feine Wimperbahnen zum Mund transportiert.
Pflanzt sich eine Seenelke fort, so können aus Samen und Eizellen Larven entstehen, die eine Zeit lang schwimmend im freien Wasser verbleiben, um sich schließlich einen günstigen Siedlungsort zu suchen und zu einer Seenelke heranzuwachsen. Weiterhin besteht die Möglichkeit der ungeschlechtlichen Fortpflanzung. Dabei entstehen aus einer Seenelke durch Knospung Tochterindividuen und schließlich große Seenelkenfelder.

Miesmuscheln

Zu den auffälligsten festsitzenden Tieren der Ostsee gehört die Miesmuschel. Sie verankert sich mit Hilfe von Klebfäden am Untergrund, um nicht von der Wasserströmung davongetragen zu werden. Produziert wird die Klebsubstanz im Fuß der Muschel, der sich zwischen den zwei Schalenhälften, die das Tier umgeben und schützen, befindet. Die Miesmuschel ernährt sich wie die Seenelke ebenfalls von kleinen Planktonorganismen. Sie besitzt zwischen den Schalenhälften jeweils eine Einstrom- und eine Ausstromöffnung. Durch die Einstromöffnung wird das planktonhaltige Wasser in den Muschelkörper gestrudelt und dort filtriert. Das verbrauchte Wasser, das auch der Atmung gedient hat, wird über die Ausstromöffnung wieder nach draußen geleitet.
Miesmuscheln pflanzen sich über frei schwimmende Larven fort. Häufig geht ein ganzer Schwarm dieser Larven auf dem Boden nieder und bildet so die für die Ostsee typischen Muschelbänke.

Seepocken besiedeln den harten Rückenpanzer einer Strandkrabbe.

Rechte Seite Die Schlauchseescheide ist die häufigste Seescheidenart in der Ostsee.

Seepocken

Seepocken sind keine Muscheln oder Schnecken, sondern festsitzende Krebse! Ihre frei schwimmenden Larven setzen sich mit dem Kopf auf einer festen Unterlage nieder und heften sich mit Hilfe einer Zementdrüse fest. Ihr Körper wird vollständig von einem kalkigen Gehäuse umschlossen und gewährt ihm Schutz vor Feinden. Es bietet dem Krebs die Möglichkeit, selbst im extremen Flachwasser zu siedeln und gelegentlich trockenzufallen, da stets Restwasser im Innern der Schale bewahrt wird. Der Krebs hat seinen Körper seiner Lebensweise angepasst. So sind seine Beine extrem verlängert und stark beborstet. Sie werden aus dem schützenden Gehäuse herausgestreckt, um mikroskopisch feine Nahrung aus dem freien Wasser zu filtrieren. Seepocken siedeln häufig auf dem harten Panzer von Strandkrabben. Sie sind dadurch sekundär beweglich geworden und werden gegebenenfalls besser mit Nahrung aus dem freien Wasser versorgt.

Seescheiden

Die Seescheiden sind charakterisiert durch einen sackförmigen Körper mit zwei großen Öffnungen – einer Ein- und einer Ausstromöffnung. Sie erzeugen einen eigenen Nahrungswasser-

strom mit Hilfe eines großen bewimperten Darmabschnittes, über den das Wasser filtriert und Planktonorganismen herausgefischt werden und wo zudem die Atmung erfolgt.

Seescheiden werden von einem derben Mantel umgeben, der für andere Tiere unverdaulich ist. Er stellt einen echten Schutz vor Feinden dar. Ausläufer dieses Mantels verankern die Seescheide auf dem Untergrund und bieten ihr damit sicheren Halt.

Von den wenigen Seescheidenarten der Ostsee ist die Schlauchseescheide die häufigste und wegen ihrer Größe – Länge bis 10 cm – die auffälligste und farblich variabelste Art.

Seescheiden pflanzen sich über frei schwimmende Larven fort. Diese sind im Besitz eines Stützstabes, der als primitiver Wirbelsäulenvorläufer gedeutet wird. Seescheiden gehören daher in die nahe Verwandtschaft der Wirbeltiere. Setzt sich eine Larve fest, so wandelt sie sich in eine Seescheide um und verliert dabei den Stützstab. Neben dieser geschlechtlichen Fortpflanzung ist auch eine Vermehrung durch Knospung möglich und lässt so zum Teil große Seescheidenansammlungen entstehen.

Strandkrabben bei der Paarung

Seenelken mit ausgestreckten Fangtentakeln neben einem fast kontrahierten Tier derselben Art. Auf den jungen Miesmuscheln siedeln Seepocken.

Wasseraustausch

In anderen Meeren sorgen die Gezeiten sowie Wind und Strömungen für einen regelmäßigen Wasseraustausch und führen dem Wasser so auch Sauerstoff zu. In der Ostsee dagegen sind Tiden weitgehend unbekannt, und der Wasseraustausch mit der Nordsee ist stark behindert. Sehr deutlich kann der Taucher daher gerade im Sommer verschiedene Wasserschichten ausmachen, die sich wie in einem See übereinander lagern. Stößt er z.B.durch die vergleichsweise trübe oberflächennahe Algenschicht, wird er häufig plötzlich einer relativ klaren Schicht kalten Tiefenwassers begegnen, das aus der Nordsee zugeführt wird. Konnte er im Oberflächenbereich gerade mal noch die Flossen seines Vordermannes sehen, beträgt die Sicht nun mehrere Meter. Insbesondere die Grenzschicht (Sprungschicht) ist sehr stabil und verhindert z. B. den Austausch von Sauerstoff zwischen Oberflächen- und Tiefenwasser! Besonders in strömungsarmen Buchten und Förden macht sich im Sommer häufig Sauerstoffmangel in den Tiefen bemerkbar. Die Folge ist ein um sich greifender Erstickungstod der örtlichen Fauna.

Die Ostsee blüht

Unser Binnenmeer Ostsee leidet seit langem unter einem Problem: Aus Kommunen, Landwirtschaft und Atmosphäre gelangen viel zu viele Phosphor- und Stickstoffverbindungen in ihr Wasser, und es wird überdüngt. Dieses Problem nennt man Eutrophierung.

Sobald die Wassertemperaturen nach dem Winter wieder steigen, beginnt die Ostsee dank des nährstoffreichen Wassers zu »blühen«. Dieser Prozess erstreckt sich bis weit in den Herbst. Verantwortlich dafür sind viele pflanzliche Einzeller, die sich explosionsartig vermehren, und es wird so ein Kreislauf in Gang gesetzt, der der Ostsee jedes Jahr mehr schadet. Wenn Algen und Plankton nach der Blüte absterben, sinken sie auf den Grund und bedecken den Meeresboden im Laufe der Zeit mit einer dicken, organischen Schicht. Weil bei ihrer Verwesung viel Sauerstoff verbraucht wird, sinkt sein Gehalt. Dann fehlt den Organismen buchstäblich die Luft zum Atmen, sie sterben ab oder nehmen zumindest Schaden. Denn die mit den Aufräumarbeiten betrauten Bakterien verbrauchen den ohnehin knappen Sauerstoff. Gut zu studieren ist dieser Prozess in der Flensburger Förde. Dr. Claus Valentin, Leiter vom Institut für Marine Biologie in Flensburg, beobachtete dieses »Umkippen« der Ostsee in tieferen Bereichen schon Ende der siebziger Jahre. Seitdem musste er feststellen, dass immer häufiger Bodentiere und Fische an Sauerstoffmangel leiden und verenden. Bemerkt wird dieses von der Öffentlichkeit meist leider nicht! Nur das seltene Ereigniss oberflächennahen Fischsterbens wird regional für Schlagzeilen sorgen. Überdüngung beeinflusst und verändert mittlerweile alle ostseetypischen Lebensräume, weiß Dr. Valentin nach langjährigen Untersuchungen in Zusammenarbeit mit der Universität Kiel.

Die Seegraswiesen

Typisch für die Ostsee ist ein Gürtel von ausgedehnten Seegraswiesen bis in Tiefen von ca. 6 m, denn dieser Bereich ist noch ausreichend mit Licht versorgt. Die Seegraswiesen sind nach Dr. Valentin Lebensraum für rund 90 Arten von Meerestieren. Dazu gehören Seestichlinge ebenso wie Seescheiden oder Nacktschnecken. Von besonderer ökologischer Bedeutung sind Meeresasseln und kleine, Gehäuse tragende Schnecken, da sie sich von mikroskopisch kleinen Aufwuchsalgen ernähren und als Weidegänger die Seegrasblätter sauber halten. So können Nährstoffe und das zur Photosynthese notwendige Tageslicht ungehindert auf die Blattoberfläche gelangen. Aufgrund der zu hohen Nährstoffeinträge vermehren sich – wie die Algen des freien Wassers – auch diese Aufwuchsalgen massenhaft und überziehen die Seegrasblätter mit einer dichten, schmierigbraunen Schicht: Auf den Blättern lebende festsitzende Tiere sowie die wichtigen »Putzer« werden verdrängt und für die Photosynthese untauglich gewordene Blätter vorzeitig abgestoßen. Der Lebensraum verarmt an Tier- und Planzenarten und das häufig »blühende« trübe Oberflächenwasser ist Grund für die Verlagerung der Tiefengrenze dieser Vegetationszone ins flache Wasser. Die beschriebenen Vorgänge sind verantwortlich auch für den Rückgang von Rotalgenzonen und Blasentangbeständen.

Muschelbänke

Unterhalb der Seegraswiesen liegen großflächige Muschelbänke. Intakte Muschelbänke weisen mehrere 100 Tiere pro qm auf, die alle mehr oder weniger senkrecht nebeneinander stehen: Eine

Taucher hinter mit Miesmuscheln bewachsenen Teilen der *Sten Trans*.

Strandkrabbe mit Seenelke huckepack; nachts am Wrack der *Brage*.

ideale Position, um das vorbeiziehende Wasser optimal nach Nahrung abzufischen und um Sauerstoff aufzunehmen. 40–50 Liter Meerwasser filtriert eine erwachsene Miesmuschel pro Tag! Die Miesmuschelbänke sind also natürliche Reinigungsanlagen und leisten einen nennenswerten Beitrag zur Reinerhaltung des küstennahen Wassers!

Eine Miesmuschelbank ist aber auch Lebensraum für etwa 70 meist sehr kleine Tierarten, die für den Taucher kaum erkennbar sind. Zum Glück gibt es aber auch einige große Arten, die die Taucher erfreuen: Bodenlebende Fische wie die Aalmutter und der Seeskorpion lauern auf Beute. Hier findet man auch viele Seesterne, von denen größere Exemplare die »Killer« der Muscheln sind. Sie können mit ihren Saugfüßchen Miesmuscheln öffnen, um sie dann auszufressen.

Wird dieses System gestört durch ein Übermaß herabrieselnden, abgestorbenen Planktons, bildet sich schnell ein dichter Belag auf den Muscheln. In den tieferen Teilen der Bank wird daraufhin Sauerstoffmangel zuerst die Miesmuscheln selbst, in der

Die muskulöse Schlundöffnung im Zentrum des Tentakelkranzes einer Seenelke. Die Nahrung in Form kleiner Planktonorganismen wird dem Schlund auf mikroskopisch feinen Wimpernbahnen zugeführt.

Folge die ganze Lebensgemeinschaft vernichten. In den flacheren Bereichen der Muschelbänke hingegen herrscht wegen der dichten Algenblüten im oberflächennahen Wasser ein Überangebot an Sauerstoff (Pflanzen produzieren ja bekanntlich Sauerstoff), Tod durch Ersticken ist hier in der Regel nicht zu erwarten! Dennoch führen die Planktonbeläge auf den Muscheln zu ihrer Vernichtung und zum Niedergang des ganzen Lebensraumes: Nicht näher bekannte Schutzmechanismen auf den Schalen, die die Muscheln weitestgehend vor Fremdbewuchs schützen, werden außer Kraft gesetzt. Nun können sich buschige gelbe Schwämme, Seenelken, Seescheiden und andere festsitzende Tiere massenhaft ausbreiten. Ihre Existenz fungiert wie ein Filter und sorgt somit für eine weitere Anreicherung feinsten Materials zwischen den Muscheln. Derart zugeschlickt und zudem durch das Gewicht des Aufwuchses in den weichen Untergrund gedrückt, ersticken die Muschelfelder. Wo einst die Muschelbänke das Wasser reinigten, breiten sich nun scheinbar leblose Schlickwüsten aus!

»Toter Grund«

Unterhalb 10–15 m Wassertiefe findet sich ein scheinbar endloses Weichbodenareal, der flächenmäßig größte Meeres-Lebensraum. Öde und leer präsentiert er sich in der Ostsee dem Taucher. Die vielen Seesterne lassen jedoch schon ahnen, dass es Mitbewohner und somit Beute für sie gibt. Mit ca. 150 Arten ist der Weichboden die artenreichste Meeresboden-Lebensgemeinschaft der Ostsee. Leider leben fast alle Tiere im Verborgenen, also im Untergrund!

Dort herrschender Sauerstoffmangel zeigt sich dem Taucher in eindrucksvoller Weise: Die sonst nicht sichtbaren Bodenbewohner verlassen den schützenden Untergrund! Nun zeigen sich Kleinkrebse, Borstenwürmer und Muscheln im Todeskampf! Seesterne drehen sich auf den Rücken und sterben, nachdem sie zuvor mit ihren nun sichtbar gewordenen unzähligen Saugfüßchen letzte Reste von Sauerstoff aus dem Wasser aufzunehmen versuchten. Unterbleibt der Einstrom sauerstoffreicheren Tiefenwassers, kommt es zur Schwarzfärbung des Meeresbodens: Nun hat sich giftiger Schwefelwasserstoff gebildet und auch extrem robuste Tiere sterben ab. Selbst durch die Tauchermaske stinkt es nach faulen Eiern!

Rechte Seite Strandkrabbe inmitten von Seenelken und Miesmuscheln. Am Wrack der *Voitja* 1991.

Überlebenskünstler Seenelke

Ein wahrer Überlebenskünstler in dieser Tiefe ist die Seenelke, der Sauerstoffmangel so schnell nicht gefährlich wird. Bis zu sechs Wochen kann sie durchhalten. Dann ziehen die Nesseltiere ihre Fangarme ein und schrumpeln, hat Dr. Valentin beobachtet. Dauert der Sauerstoffmangel an, lösen sie ihre Fußscheibe vom Untergrund und lassen sich von der Strömung in bessere Gefilde treiben. Nun verstehen wir auch, warum tiefer gelegene Wracks fast ausschließlich von Seenelken besiedelt werden.

Wird die Ostsee sauberer?

Die Ostsee lässt sich sicherlich nicht durch einen Federstrich retten, auch wenn sich in den letzten Jahren bereits einiges getan hat. So konnte zum Beispiel durch den Bau neuer und die Nachrüstung bestehender Kläranlagen der Eintrag von Phosphat gesenkt werden. Das ist in den westlichen Industrieländern sicherlich leichter zu bewerkstelligen als in den östlichen Anrainerstaaten. Notwendig ist deshalb, dass alle Anrainerstaaten endlich über

Rechte Seite Seenelken auf Miesmuscheln am Wrack der *Sten Trans*

Dieser Teil der Bordwand der *Kayt* war einige Monate vor Entstehen dieser Aufnahme noch dicht bewachsen, Oktober 1991.

ihre Lippenbekenntnisse hinausgehen und alle Eintragsquellen versiegen lassen, denn die Quelle einer Verunreinigung kann weit im Inland liegen, wird beispielsweise über die gedüngten Felder ausgewaschen und letztlich durch Flüsse und Bäche in die Ostsee geleitet. Hilfreich ist sicherlich die in Schleswig-Holstein bereits erlassene Richtlinie, 10 m breite Uferstreifen nicht zu düngen. Bleibt festzuhalten:

Trotz internationaler Überwachung und fachkundiger Zusammenarbeit der Ostseeanrainerstaaten stellen die Nährstoffeinträge über Festlandsabflüsse und Atmosphäre nach wie vor die Hauptquellen der Überdüngung des Ostseewassers dar.

Die von verantwortlichen Staatsmännern 1987 im Rahmen der Helsinki-Kommission beschlossene Halbierung der Nährstoffeinträge in die Ostsee im Zeitraum von 1985 bis 1995 wurde nur für Phosphor erreicht, nicht jedoch für Stickstoff, jenem Nährstoff, der im Wesentlichen für die oben beschriebenen Veränderungen verantwortlich zeichnet! Und dieses Ziel wurde auch bis heute nicht erreicht, wie Nachuntersuchungen zeigen.

Selbst im Flachwasser wie hier in der Flensburger Innenförde hat sich eine dicke Faulschlammschicht gebildet. Der Taucher kann seinen ausgestreckten Arm darin versenken.

Des Tauchers Lieblinge: Fische

Der ökologische Zustand jener Binnengewässer, die mit der Ostsee direkt oder indirekt verbunden sind, beeinflusst natürlich auch die Qualität des Ostseewassers.

»Obwohl viele Binnengewässer in den letzten Jahrzehnten erheblich unter Wasserbau und Verunreinigungen gelitten hatten, sind in den Gewässersystemen der großen Flüsse heute Reste der ursprünglichen Fischfauna erhalten«, schreibt der Landessportfischer-Verband in einer Analyse. Zwar müssen viele Arten von Fischen als in ihrer Existenz bedroht bzw. als gefährdet gelten, doch bieten auch isolierte Vorkommen eine Chance, die Bestände zu regenerieren. Davon profitieren letztlich auch die Taucher. In Schleswig-Holstein hat sich die Erkenntnis durchgesetzt, dass integrierter Artenschutz in unseren Gewässern sowohl die Erhaltung vorhandener Biotope als auch die Renaturierung bereits zerstörter Wasserläufe umfassen muss.

Liegen die Erhaltung und der Schutz der Binnengewässer heute weitgehend in den Händen der vielen ehrenamtlich tätigen

Tipps für Taucher

Hilfreich dabei ist die Teilnahme an einem meeresbiologischen Seminar. Will man die Ostsee als Taucher genießen, ist fachkundige Anregung vonnöten. Denn nur so lassen sich der Lebensraum Ostsee und seine Probleme verstehen.

Sportfischer, vertreten durch den Landessportfischer-Verband, konzentrieren sich die Bemühungen der Landesregierung auf den Seebereich. Beide arbeiten jedoch übergreifend. Bereits 1994 erließ die Landesregierung eine neue – und zunächst heftig umstrittene – Landesfischereiordnung. Kernstück dieser Verordnung ist die Einrichtung eines 200 m breiten Schutzstreifens im gesamten Bereich der Küste zwischen Dänemark und Mecklenburg-Vorpommern. Paragraf 18 der Verordnung regelt die Stellnetz- und Reusenfischerei in diesem Bereich. Deutlich heißt es dort: Die Stellnetzfischerei ist in diesem Bereich verboten. Dieses Verbot richtet sich vor allem an die vielen Nebenerwerbsfischer, denen vorgeworfen wird, den für Taucher interessanten küstennahen Bereich mit ihren Netzen regelrecht auszuplündern. »Dieser 200-Meter-Bereich«, sagt Winfried Dobbrunz vom Landesfischerei-Verband Schleswig-Holstein, »ist eine große Grauzone, die man sehr kritisch sieht, denn Kontrollen des Verbots können nur stichprobenartig und unregelmäßig erfolgen«. Alles ist eben eine Frage des Geldes und des zur Verfügung stehenden Personals. Finanziert werden Kontrollen u.a. über die Landesfischereiabgabe.

Problem: Reusen

Natürlich stößt man als Taucher immer wieder auf am Boden verankerte Stellnetze und Reusen in diesem Schutzbereich. Einige sind offen durch Bojen markiert. Bei ihnen handelt es sich meist um erlaubte Anlagen, denn jedem Fischer wird eine bestimmte Anzahl von zwei oder drei Netzen und Reusen zugestanden. Andererseits stoßen Ostseetaucher immer wieder auf unmarkierte Netze und Reusen, die irgendwo zwischen 3 m und 9 m am Boden verankert sind. Viele dieser Anlagen sind nicht etwa verloren gegangen und die Boje vielleicht im Sturm abgerissen. Die Fischer wissen genau, wo sie liegen. Was die Fischereiaufsicht jedoch nicht sieht, kann sie auch nicht kontrollieren. Für uns wird es immer wieder zu einer Gewissensfrage, ob wir als Taucher Hand anlegen sollen an diese unmarkierten Netze, denn oft genug bleiben die Tiere tagelang darin gefangen und verenden dann.

Lachse und Meerforellen

Was der Taucher bei einem Tauchgang am ehesten sieht, sind Plattfische wie Butt und Scholle, die fast überall anzutreffen sind.

Für viele Fische werden die illegal ausgelegten Reusen der Nebenerwerbsfischer zu tödlichen Fallen, in denen sie qualvoll verenden.

Meist buddeln sie sich leicht in den Boden ein und passen sich durch ihre Tarnung der Umgebung an. Oft bemerkt man sie erst, wenn sie vor dem Taucher wilde Flucht ergreifen. Genau so häufig sind die Aale. Auch sie findet man – noch – überall. Seltener, wenn auch wieder etwas häufiger, sind Wanderfische wie Lachs oder Meerforellen. Auch wenn man an der Küste und besonders im Handel immer wieder von der Lachsforelle spricht – sie gibt es nicht. Lachsforelle ist ein für die Vermarktung erfundener Begriff für die Meerforelle. Sie liebt den festen Untergrund und sucht sich vor allem steinige Bereiche aus. Dazu gehören z.B. das Brodtener Ufer, der Bereich von Westermarkelsdorf und Katharinenhof auf Fehmarn, aber auch die Hohwachter Bucht. Mittlerweile können Meerforellen wieder an jeder Abbruchkante vorkommen, wie zum Beispiel im Bereich Bülk, bei Stein oder auch vor der Schleimündung. Sie zu finden ist eine Frage des auflandigen Windes und der Strömung. Dies gilt allerdings auch für den Dorsch, einst einer der häufigsten Fische in der Ostsee. Angler schwören auf den frühen Morgen oder die Dämmerung. Mit anderen Worten: Je heller es ist, desto tiefer stehen die Fische.

Im Rahmen eines Artenschutzprogramms ist in den letzten Jah-

Schwefelbakterienbeläge können ein Hinweis auf eine unnatürlich hohe Ansammlung von abgestorbenem Tier- und Pflanzenmaterial sein, das der bakteriellen Zersetzung unterliegt.

ren viel von Seiten des Landes und der Sportfischer für die Wiederansiedlung von Lachs und Meerforelle getan worden. Jedes Jahr werden rund zwei Millionen Jungfische gezogen und in den geeigneten Bächen des Landes ausgesetzt.

Als Jungfische bleiben sie zunächst in den Oberläufen der Fließgewässer. Dann treten sie ihren Weg in die Ostsee an. Jetzt sind sie – bei geeignetem Untergrund – eher im Bereich von Flussmündungen anzutreffen. Nach zwei oder drei Jahren beginnt ihr Rückweg in die Flüsse und Bäche, und der Kreislauf schließt sich. Ihre Laichzeit ist Dezember und Januar. Fischtreppen wie z.B. im Bereich der Schwentine in Kiel oder an der Trave bei Lübeck sollen den Meerforellen den Rückzug erleichtern. Leider sind Tauchgänge in Flussmündungen wegen des oft trüben Wassers kein wahres Vergnügen.

Vereinzelt anzutreffen sind Meeresgrundeln, die sandigen und auch schlammigen Untergrund bevorzugen, und selten treibt es Makrelen und Hornhechte in Ufernähe. Ausnahmen machen Kiel und Travemünde, wo sie jedes Jahr im April/Mai (abhängig von Wassertemperatur und Wind) zusammen mit Heringen sogar bis in die Häfen vordringen. Eher im nördlichen Bereich, also vor der

dänischen Küste und im Bereich der äußeren Flensburger Förde, sind Begegnungen mit Katzenhaien möglich.
Aus der Familie der Knurrhähne dringt leider nur der Graue Knurrhahn bis in die westliche Ostsee vor. Seehasen trifft man bevorzugt im Frühjahr. Sie kommen bis zu den Ålandinseln vor und bevorzugen als erwachsene Tiere steinigen Untergrund.

Fazit

Für den Patienten Ostsee gibt es nur einen Schuldigen: den Menschen. Nur er ist aber auch in der Lage, den Prozess der Verschmutzung wieder umzukehren, und das sollten wir fordern! Eine heile Unterwasserwelt ist die Ostsee sicherlich nicht mehr, hier zu tauchen lohnt sich aber immer noch, denn auch die Ostsee hat ihre schönen Seiten. Man muss nur genau hinsehen und sich den Blick für das Kleine und das Detail schärfen.

Wie hier in der Eckernförder Bucht deutlich, ist das marine Leben in der Ostsee vielerorts unübersehbar gefährdet.

Baltic Dive-Center »Fjord-Divers«

Die besondere Tauchbasis an der Flensburger Förde – marine biology & diving

Sind Schwämme Tiere oder Pflanzen?
Kann man Sauerstoffmangel riechen oder sehen?
Warum gibt es im Winter keine Ohrenquallen?
Können Muscheln spinnen?

Fragen über Fragen mögen dem Taucher bei seinem Ostseetauchgang durch den Kopf gehen, und Antworten darauf gibt es in Brunsnæs auf der dänischen Seite der Flensburger Förde am INSTITUT FÜR MARINE BIOLOGIE. Ihm angeschlossen ist das BALTIC DIVE-CENTER »FJORD-DIVERS«. MARINE BIOLOGY & DIVING lautet also das Angebot in Brunsnæs. Kompetenter Ansprech-

partner ist dort Dr. Claus Valentin, Meeresbiologe, Tauchlehrer, Forschungstaucher, Buchautor und mehr als 15 Jahre lang Mitarbeiter der Universität Kiel. Seine Institution und ihre apparative Ausstattung befriedigt selbst Universitätsansprüche, und seine Taucher profitieren davon! Seien es teure Messgeräte, hochwertige Mikroskope, ausgefeilte Probennahmegeräte und natürlich ein perfekt auf die Bedürfnisse der Taucherei ausgerichtetes Boot, alles kommt zum Einsatz, wenn Taucher bei Claus das Spezialbrevet »Meeresbiologie« oder länger dauernde meeresbiologische Kurse buchen. »Bio-Schnuppern« oder einfach nur Mittauchen, alles ist möglich in Brunsnæs. Und ... fragen kostet nichts, und Antworten gibt's gratis!

Kontakt und Infos

Institut für Marine Biologie Flensburg
Strucksdamm 1b
D-24939 Flensburg
Tel. 0461/490 21 60
info@ifmb.com
www.ifmb.com

Wrackbeschreibungen

Erläuterungen zum Text und zu den Grafiken

Grafiken

Grafiken in der Draufsicht mit eingeblendeter Kompassrose stellen gleichzeitig einen Lageplan dar. Aus diesen Grafiken ist auch die geografische Ausrichtung des Wracks zu ersehen. Grafiken mit dem Hinweis »nicht maßstäblich« sind grobe Skizzen und dienen zur ersten Orientierung unter Wasser.
In den meisten Grafiken sind kleine blaue Kameras mit einem roten Zeiger und einer Nummer daran eingezeichnet. Dies sind »Kamerastandpunkte«. Die stilisierte Kamera kennzeichnet den Kamerastandpunkt, der rote Zeiger die Blickrichtung. Die zugehörige Nummer finden Sie in der Bildlegende des entsprechenden Wracks wieder. Auf diese Weise haben Sie die Möglichkeit, den Entstehungsort der jeweiligen Aufnahmen schnell und einfach nachzuvollziehen.

Fahrtzeiten

Die jeweiligen Fahrtzeiten wurden über die aus der Seekarte abgegriffenen Strecken bei einer Geschwindigkeit von etwa 7 kn berechnet. Sie können durch Witterungsbedingungen, Strömung oder Beschaffenheit des Bootes von den tatsächlich benötigten Zeiten abweichen.

Richtwerte

Die angegebenen Richtwerte sollen dem Taucher helfen, die für das eigene Interessengebiet bzw. der bisherigen Taucherfahrung entsprechend geeigneten Wracks zu finden. Auch Gruppen von Tauchern können anhand dieser Richtwerte festlegen, wer wann und mit wem am sinnvollsten taucht oder gegebenenfalls einmal aussetzt. Weiterhin ermöglichen sie Unterwasserfotografen, sich schon im Voraus die entsprechende Ausrüstung für den Tauchgang oder die Ausfahrt zusammenzustellen.

Schwierigkeitsgrad

Die Richtwerte haben Gültigkeit bei ruhiger See bis zu einer Windstärke von etwa 3 Bft. Hohe Windstärken und damit entsprechender Seegang können die Bewertung je nach geografischer Lage

Rechte Seite Vom Flensburger Museumshafen mit den liebevoll restaurierten Seglern blickt man über die Förde auf die Stadt.

des Wracks um ein bis zwei Sterne erhöhen bzw. das Tauchen völlig unmöglich machen. Bei diesen Kriterien wurden absichtlich keine Ausbildungsstände der verschiedenen Tauchsportverbände herangezogen. Unsere Erfahrungen haben gezeigt, dass diese Ausbildungsgrade unter den von den üblichen Urlaubstauchbedingungen stark abweichenden Ostseebedingungen kaum Rückschlüsse auf die tatsächliche Leistungsfähigkeit des einzelnen Tauchers zulassen. Vielmehr ist die individuelle Taucherlaufbahn entscheidend – wie viele Tauchgänge und unter welchen Bedingungen. Ein Tauchgang in einer dunklen und kalten Talsperre ist ein besseres Training für die Ostsee als ein längerer Tauchurlaub am Roten Meer. Ein Taucher mit nur den notwendigsten Brevets, aber etlichen Kaltwassertauchgängen kommt an einem »Fünfsternewrack« in der Ostsee unter Umständen weiter als ein Tauchlehrer, der einige Jahre in den Tropen gearbeitet hat.

★ Sehr einfach zu betauchen. Ideal, um beispielsweise seinen ersten Bootstauchgang durchzuführen.

★★ Leicht zu betauchen. Für Wrack-Einsteiger gut geeignet.

★★★ Mittlere Anforderungen. Unerfahrene Wracktaucher nur in Begleitung von wirklich erfahrenen Tauchern.

★★★★ Hohe Anforderungen. Erfahrene Taucher, die völlig selbstständig tauchen können und schon einige Ostseewracktauchgänge gemacht haben.

★★★★★ Extremes Tauchen. Für erfahrene Taucher, die genau wissen, dass sie notfalls auch allein zurechtkommen. (Keine Panik bei Abriss des Kontaktes zum Tauchpartner in großer Tiefe und völliger Dunkelheit).

Interessantheitsgrad

👁 Nur noch Wrackreste vorhanden.

👁👁 Viel interessanter als ein reiner Strandtauchgang, Wrack teilweise als ehemaliges Schiff erkennbar.

👁👁👁 Lohnender Wracktauchgang, Schiff noch als solches zu erkennen.

👁👁👁👁 Interessantes Wrack, teilweise sind auch Innenräume betauchbar. Das Schiff hat unter Umständen eine interessante Geschichte aufzuweisen.

👁👁👁👁👁 Sehr interessantes Wrack. Besonders gut erhalten oder besonders sehenswerter Bewuchs; eventuell bietet das Wrack eine sehr

interessante Geschichte. Ein so gekennzeichnetes Wrack ist in nahezu jeder Hinsicht etwas Spezielles.

Makrofotografie

Sehr schlechte Bedingungen, kein oder eintöniger Bewuchs.

Schlechte Bedingungen, eintöniger Bewuchs.

Mäßige Bedingungen, aber man sollte die Makrokamera schon dabeihaben.

Gute Bedingungen für die Makrofotografie. Vielfältige Lebensformen vorhanden.

Hervorragende Bedingungen, das gesamte Spektrum der an den Wracks vorkommenden Ostseelebensformen ist vorhanden. Das Wrack ist für fast jede (positive) Überraschung gut!

Wrackfotografie

Kaum möglich, eindrucksvolle Wrackaufnahmen zu machen.

Wrackaufnahmen unter erschwerten Bedingungen möglich.

Eindrucksvolle Wrackaufnahmen sind möglich.

Sehr gute Bedingungen am Wrack, da es gut zu erkennen ist und auch die Umgebung (Helligkeit) Mischlichtaufnahmen möglich macht.

Für Ostseeverhältnisse hervorragende Möglichkeiten, sehr gute Fotos zu machen. Der Zustand des Wracks ist top, und die Umgebungsbedingungen lassen gute Mischlichtaufnahmen zu. Außer-

Der Fördedampfer *Alexandra* im Flensburger Hafen

dem sind die Sichtbedingungen an diesem Tauchplatz häufig sehr gut (für Ostseeverhältnisse!).

Positionsangaben

Bei Wracks, deren Positionen wir selbst nachvollzogen haben, werden sie angegeben. Die Koordinaten der übrigen Wracks sind den Tauchbasen der Region bekannt.

Bei den Positionsangaben handelt es sich mit einer Ausnahme um GPS-Daten mit der entsprechenden Genauigkeit bzw. »künstlichen Ungenauigkeit«, das heißt, die Betreiber des GPS-Systems haben für zivile Zwecke eine künstliche Ungenauigkeit eingebaut, genannt SA-Code (Selective Availability). Zum Leidwesen aller Wracksucher arbeitet er mittlerweile in vollem Umfang. So werden für den zivilen Bereich zu 95 Prozent 100 Meter und zu 99 Prozent 300 Meter Genauigkeit »garantiert«. Echte Garantien gibt es natürlich nicht, vom Betreiber wird im Gegenteil ständig darauf hingewiesen, dass jede Verwendung auf alleiniges Risiko des Nutzers erfolgt. Um Missverständnissen vorzubeugen: GPS ist zur Zeit das genaueste Navigationssystem, das Wracksucher erwerben können. Die jeweils aktuelle Genauigkeit des GPS ist

Auf der Museumswerft wird traditionelles Handwerk gepflegt und öffentlich dargestellt.

jedoch nur sehr schwer kalkulierbar. So haben wir zum Beispiel die Erfahrung gemacht, dass man, wenn es irgendwo in der Welt kriselt (z.B. während des Golf-Kriegs), auch in der Ostsee seine Wrackpositionen nur noch mit großen Schwierigkeiten wiederfindet. Weiterhin variieren die Positionsangaben unterschiedlicher GPS-Empfänger, auch wenn man sie zur gleichen Zeit direkt nebeneinander hält, ganz erheblich, d.h. die oben genannten 300 Meter Ungenauigkeit können sich gegebenenfalls sogar addieren, je nachdem, wie der Empfänger mit dem SA-Code fertig wird.

Für Sie ist in diesem Zusammenhang sehr wichtig zu wissen, dass Sie trotz der viel gepriesenen Genauigkeit heutiger GPS-Empfänger die Kreise um Ihre Positionsboje gegebenenfalls sehr weit wählen müssen, um mit Hilfe des Echografen das Wrack genau zu lokalisieren. Besonders bei der ersten Suche mit Ihrem eigenen GPS-Navigator müssen Sie sich auf ein Geduldsspiel einstellen, bis Sie endlich Ihre eigenen Koordinaten, die von den hier genannten durchaus abweichen können, gefunden haben. Beim zweiten Mal, mit dem gleichen GPS-Empfänger, werden Sie es dann etwas leichter haben ...

Flensburger Förde

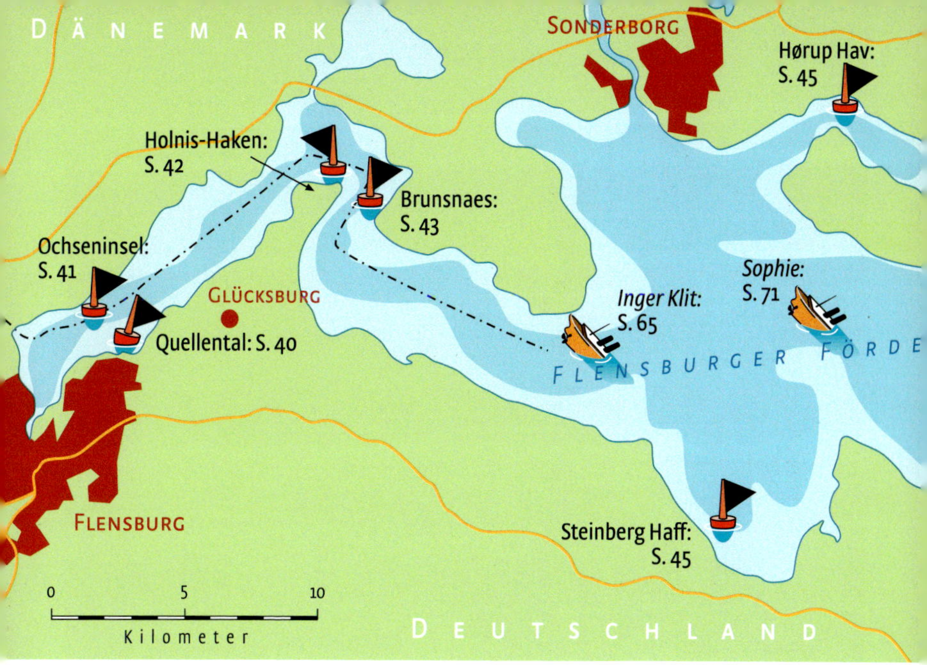

Wir beginnen unseren Tauchausflug in der nördlichsten Stadt Schleswig-Holsteins, in Flensburg. Die Flensburger Förde bietet einige durchaus interessante Tauchreviere, die problemlos auch von der dänischen Seite aus betaucht werden können.

Weite Bereiche der landschaftlich schönen Förde aber sind ökologisch belastet. Besonders Sauerstoffmangel hat vielerorts das marine Leben stark beeinträchtigt. Schwefelbakterien und Überdüngung haben der Förde zugesetzt. Zurückgeblieben ist eine schwarze »Faulschlammwüste«. Andererseits bemüht sich seit Jahren – mit zunehmendem Erfolg – der Verein Ostseesanierung in Zusammenarbeit mit der Tauchsportgemeinschaft Flensburg, mit Hilfe von künstlichen Riffen neues Leben anzusiedeln. Leider sind diese Bemühungen mangels öffentlicher Unterstützung mittlerweile fehlgeschlagen.

Vom Parkplatz aus auf der linken Bildseite taucht man entlang der Außenmole des Yachthafens in die Förde

Tauchgebiet Quellental

Anfahrt

Wenige Kilometer weiter entlang der Hauptstraße Richtung Glücksburg, kurz nachdem die Fördestraße in die Uferstraße übergegangen ist und einen Knick nach rechts macht, liegt linker Hand der Parkplatz Quellental an einem Yachthafen. Von hier aus sind es nur noch knapp 150 m bis zum Strand.

Einstieg

Getaucht wird eben außerhalb des Yachthafens. Man kann direkt vom Parkplatz aus ins Wasser gehen. Zunächst fällt der Strand sehr flach ab. Dann kommt eine Art Kante mit einer Schräge von etwa 45°, die sehr schnell auf 10 m führt.

Flora und Fauna

Die Schräge ist dicht mit Muscheln bewachsen. Im Sommer sieht man häufiger Seesterne und Seehasen. Im Sandgrund buddeln sich gerne Plattfische ein, und zwischen den Steinen an der Außenmole des Hafens halten sich viele Jungfische auf.

Tiefe

Der Platz wird gern von Flensburgern für Tauchausbildungszwecke genutzt, denn die maximale Tiefe liegt hier bei 17 m. Im Sommer zeigt eine Tonne die Außenkante der Fahrrinne an.
Auf dem Grund soll auch noch eine alte Seetonne liegen, die man betauchen kann. Sie ist allerdings nicht leicht zu finden. Viel zu sehen ist wegen des schwarzen, schlammigen Untergrunds ab 10 m nicht.

Tauchgebiet Ochseninsel

Anfahrt

Über den Grenzübergang Krusau bei Flensburg fährt man rechts ab in Richtung Sønderborg (B 8). Nach ca. 500 m geht es rechts ab nach Kollund und Sønderhav (Fjordvejen). Gegenüber der dänischen Ortschaft Sønderhav liegen die beiden kleinen Ochseninseln. Nur einige wenige 100 m liegen zwischen dem Festland und den Inseln. Direkt am Strand von Sønderhav gibt es gegenüber dem Hotel Fjørdens Perle einen Parkplatz (Toilette) mit einem kleinen offenen Bushäuschen, das Taucher bei entsprechender

Das Tauchgebiet liegt zwischen den Ochseninseln und dem Steg im Hintergrund. Getaucht werden kann auch zu den Muschelbänken rechts und links von den Inseln.

Wetterlage gerne als windgeschützte Umkleidekabine benutzen. Solange man dabei niemanden stört und sich auch nicht zu breit macht, wird dies hingenommen. Die Dänen sind sehr tolerant und freundlich gegenüber ihren Gästen. Direkt am Parkplatz steht ein kleiner Imbiss auf der gegenüberliegenden Straßenseite. Flensburger Taucher schwören, dass hier die besten dänischen Hot Dogs im ganzen Königreich serviert werden. Vom Strand aus kann man sich den Spaß machen, in bis zu 10 m Tiefe zur Insel zu tauchen.

Flora und Fauna

Etwas östlich der großen Ochseninsel liegt eine biologisch noch intakte Miesmuschelbank. Sie ist etwa 150 m lang. Krabben und kleine Krebse tummeln sich hier zwischen den Muscheln. Weiter südlich findet man schön bewachsene große Steine.

Hier sollen zum Kriegsende auch mehrere U-Boote von ihren Mannschaften versenkt worden sein. Ob sie noch dort sind, darüber streitet man sich noch. Taucher haben zwar das Gebiet wiederholt abgesucht, doch fündig geworden sind sie nicht.

Tauchgebiet Holnis-Haken

Warum der Tauchplatz bei Holnis-Haken den Namen »Schwiegermutter« hat, lässt sich nicht ergründen.

Anfahrt

Zu erreichen ist Holnis über die Landstraße von Glücksburg aus. Im Ort selbst geht es nach rechts über die »Salzwiese« und einen kleinen Weg zum Haken.

Sicherheitshinweis

Hier kommt eine manchmal nicht unerhebliche Strömung bei ablandigem Wind in Richtung auf die freie Ostsee. Deshalb sollte man zur eigenen Sicherheit ein Schlauchboot dabeihaben.

Einstieg

Geschätzt wird der Platz auf Grund einer einzigen Besonderheit. Getaucht wird meist mit dem Rücken zum Haken in Richtung auf die Fahrwassertonne Nr. 4 und die Ostsee hinaus. Vom Strand aus »watet« man zunächst durch das nicht einmal 1 m tiefe Wasser. Dann allerdings kommt die Überraschung.

Urplötzlich gibt es einen »Drop-off«, der den Taucher am Rande des Seeweges ohne Warnung von 1,5 auf 20 m fallen lässt. Wenn man an der Abbruchkante steht, tut sich vor einem nur noch ein drohend wirkendes schwarzes »Loch« auf.

Von der Landspitze von Holnis-Haken auf der linken Seite des Bildes erstreckt sich ein ausgedehnter Flachwasserbereich bis zur roten Tonne 4 mit der Abbruchkante.

Flora und Fauna

Am Fuß des Abhangs liegt ein interessantes Geröllfeld aus der Endmoränenzeit. Im Strömungsbereich findet man erstaunlich große Seenelken. Das Gebiet um die »Schwiegermutter« ist kürzlich zu einem Naturschutzgebiet mit Badeverbot erklärt worden. Erwähnenswert sind noch zwei weitere Tauchgebiete auf der dänischen Seite der Förde. Das erste ist Brunsnæs mit dem Institut für Marine Biologie.

Tauchgebiet Brunsnæs

Anfahrt

Von Krusau aus fährt man weiter über die B 8 in Richtung Sønderborg. 10 km vor Sønderborg biegt man an der »Q8«-Tankstelle rechts ab in die Ortschaft Broager ein. Ein Schild »Centrum« führt direkt in den Ort immer der Hauptstraße entlang. Gleich hinter dem Ort weist ein Schild nach Brunsnæs 4 km. Folgt man der kleinen Straße, kommt man über die Ortschaften Mølmark und Iller

Vor dem Kro am Strand von Brunsnæs der Parkplatz mit dem Steg

nach Brunsnæs. Der Ort selbst ist wenig mehr als eine Ansammlung von kleinen Ferienhäusern hinter einem Kro, also einem Dorfgasthaus, direkt am Strandparkplatz.

Unterkunft

Im Gasthof kann man übernachten oder sich nach der Erlaubnis zum Übernachten mit einem Camper oder Wohnmobil auf dem Parkplatz erkundigen und einen Stromanschluss bestellen. Im Ort werden auch die kleinen Ferienhütten vermietet.

Flora und Fauna

Rechtwinklig vom Steg aus in etwa 9 m Tiefe (ca. 120°) stößt man auf einige abgebrochene Stellnetzpfähle. Hier gibt es einen sehr interessanten Übergang vom typischen Flachwasseraufwuchs über Seegraswiesen zu den Muschelbänken und Weichböden.

Seminare

Im rechten Gebäudeteil des Brunsnæs Kro ist das Institut für Marine Biologie ansässig, eine private und unabhängige Forschungs- und Lehreinrichtung von Dr. Claus Valentin, einem Meeresbiologen und ehemaligen Mitarbeiter am Zoologischen Institut der

Christian-Albrechts-Universität in Kiel. Sein Institut hat sich zum Ziel gesetzt, Biologiestudenten und interessierten Tauchern erste Einblicke in die Meeresbiologie zu ermöglichen. An der meeresbiologischen Feldstation werden spezielle Kurse für Sporttaucher und Laien angeboten.

Ausfahrten
Das Institut verfügt über eigene Kutter für Ausfahrten und umfangreiches Probe- und Analysegerät. Von der Station aus werden sowohl Landtauchgänge als auch Bootstauchgänge zu speziellen Vegetationsfeldern durchgeführt, die typisch sind für den Ostseeraum.
Während der Wochenendpraktika können Sporttaucher einen Einblick in die Meeresbiologie, die Lebensprinzipien einzelner Meerestiere sowie die Umweltproblematik dieses Lebensraumes gewinnen. Es wird nach VDTL geschult.

Tauchgebiet Hørup Hav

Östlich von Sønderborg liegt Hørup Hav am Ausgang der Flensburger Förde. Hier lohnt sich östlich des kleinen Seglerhafens ein Tauchgang entlang der Betonmauer. Rechtwinklig dazu liegt ein gesprengtes Trümmerfeld in einer Tiefe zwischen 4 und 15 m. Überhaupt findet man in der Bucht vor dem Hafen allerlei »Kriegsschrott«, der hier nach dem Krieg entsorgt wurde.
Im östlichen Teil der Flensburger Förde liegt die Geltinger Bucht.

Tauchgebiet Steinberg Haff

Anfahrt
Entdeckungslustigen Tauchern empfiehlt sich das Steinberg Haff beim Ort Habernis. Ihn erreicht man, von Norden kommend, über die B 199 in Richtung Kappeln und biegt dann hinter Steinbergkirche nach links ab.
Unweit des Strandes liegen in einer Tiefe zwischen 8 m und 10 m sechs Torpedoreste auf dem Grund. Gut 20 Minuten Schwimmen bzw. Schnorcheln muss man allerdings schon, um die rund 600 m zurückzulegen.

Taucher in den Resten der Aufbauten

Wracktauchen: Das Doppelwrack

Name	»Doppelwrack«, Schiffsnamen sind nicht bekannt
Wrack-Nr.	nicht bekannt
Position	den örtlichen Tauchbasen bekannt
Schiffstyp	ein Stahl- und ein Holzschiff, quer übereinander
Lage	südlicher Kleiner Belt, nordöstlich Mommark
Abfahrt von	Mommark (Dk)
Fahrtzeit	Kutter: 1 h 40 min
Tiefe	Grund 38 m, Oberkante 30 m

Überblick

Das »Doppelwrack« ist für uns eines der rätselhaftesten Wracks in der Ostsee. Es wird so genannt, weil es sich eigentlich um zwei Wracks handelt, die in einem Winkel von ca. 90° übereinander liegen. Das obere Wrack ist ein Schiff aus Metall von ehemals schätzungsweise 50 m Länge. Man kann einen nach oben offenen Frachtraum erkennen, jedoch keine Brückenaufbauten. Achtern befindet sich ein Gittermast, der fast wie ein kleiner Bohrturm aussieht. Beide Wracks stehen aufrecht, auf ebenem Kiel. Die maximale Wassertiefe beträgt 38 m an diesem Tauchplatz. Von dem unteren Wrack zeugt nur noch eine Reihe hölzerner Spanten. Es scheint wesentlich älter zu sein als das obere. Das würde jedoch bedeuten, dass das zweite Wrack zufällig auf dem unteren gelandet wäre. Glaubhafter wäre die Theorie, dass das Eisenschiff das Holzschiff in der Seite gerammt und überlaufen hat, um dann mit diesem gemeinsam, total ineinander verkeilt, zu sinken.

Flora und Fauna

Der Bewuchs weicht von dem gewohnten Bild der Wracks in der mittleren Ostsee ab. Es gibt hier weniger Seenelken als auf den Wracks weiter südlich. Dafür findet man zahlreiche Hydrozoen wie sonst eher in der Gegend um Fehmarn.

Besondere Merkmale

Vorsicht! Das Wrack ist unübersichtlich, und es kann Ihnen passieren, dass Sie Ihre Abtauchleine nicht wiederfinden und frei auftauchen müssen. Sie wären zwar an dieser Stelle nicht durch Schiffsverkehr gefährdet, aber Ihrer Tarierkünste sollten Sie sich, auch im Hinblick auf eventuelle Dekozeiten, schon sehr sicher sein.

Sicherheitshinweis

Die Wassertiefe von 38 m macht das Wrack nur für erfahrene Taucher zugänglich. Durch Schwebeteilchen in den oberen Wasserschichten bedingt ist häufig mit extremer Dunkelheit am Wrack zu rechnen. Auch in den Sommermonaten beträgt die Temperatur hier unten meist nur 4 °C. Somit wird auch im Sommer der Trockentauchanzug unentbehrlich. Vor allem wenn vorher schon ein ähnlich tiefer Tauchgang durchgeführt wurde, ist die Gefahr, in die Dekozeiten zu kommen, recht hoch.

Der Gittermast auf dem Heck

Unter dem merkwürdigen Gitterturm liegen fast ausgewachsene Dorsche in ihren Löchern und rühren sich dort auch beim Näherkommen nicht weg. Fast scheint es so, als amüsierten sie sich über die Angler, deren künstliche Köder den Gittermast über ihnen zieren.

Tipps für Fotografen

Das »Doppelwrack« ist sehr schwer zu fotografieren. Die Dunkelheit macht Mischlichtaufnahmen fast unmöglich. Makrofotografen aber haben bei diesem Wrack die seltene Chance, Dorsche direkt vor die Linse zu bekommen. Für gute Dorschportraits wäre hier ein 60-mm-Makroobjektiv im Unterwassergehäuse die richtige Wahl.

Wracktauchen: MS Transport

Name	MS Transport
Wrack-Nr.	nicht bekannt
Position	den örtlichen Tauchbasen bekannt
Schiffstyp	Frachtkutter, ehemals Segler
Lage	Nordspitze von Ærø
Abfahrt von	Mommark (Dk)
Fahrtzeit	Kutter ab Mommark: 45 min
Tiefe	Grund 34 m, Oberkante ca. 30 m

Das Ruderhaus (1)

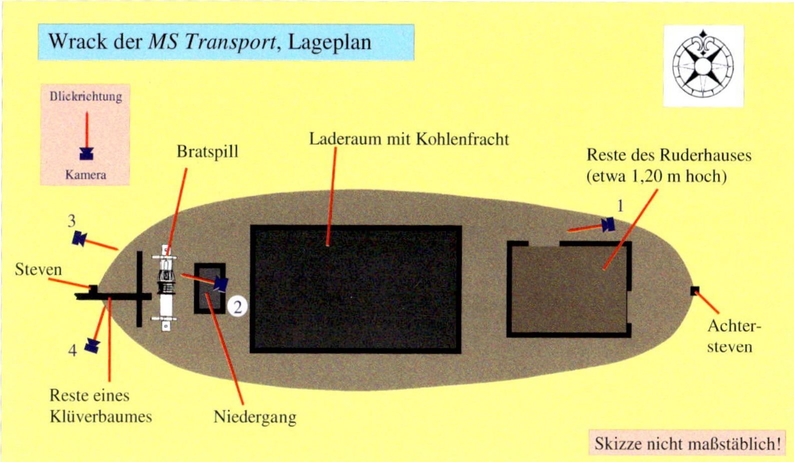

Überblick

Nordöstlich von Mommark in etwa 34 m Wassertiefe liegt die *MS Transport*. Das Wrack steht auf ebenem Kiel. Die maximale Wrackhöhe beträgt etwa 4,5 m. Der Bug des Wracks weist in Richtung Westen, auf etwa 270°. Die *MS Transport* ist ein kleiner, etwa 34 m langer hölzerner Frachtkutter gewesen. Die Ladung des Schiffes bestand, wie man auch heute noch im Laderaum erkennen kann, aus Steinkohle. Kohle gilt als gefährliche Fracht; sie verrutscht leicht und nimmt sehr schnell das in den Laderaum einströmende Wasser auf, sodass der nachfolgende Schiffsuntergang meistens nur wenige Minuten dauert. Von den achterlichen Aufbauten stehen noch die Wände. Der Laderaum ist zugänglich und mit Kohle gefüllt. Auf dem Vordeck befindet sich ein altertümliches »Bratspill«.

Vermutlich ist die *MS Transport* nicht immer als Frachter gelaufen. Einrichtungen wie das Brat- oder auch Gangspill auf dem Vordeck waren eigentlich in erster Linie auf sehr alten Fischereifahrzeugen gebräuchlich (in der Regel vor 1860). Eventuell ist dieses Spill sogar älter als das übrige Schiff.

Eine weitere Absonderlichkeit findet sich am Bug, direkt neben dem Steven: Überreste eines Bugsprites oder Klüverbaumes. Dies deutet darauf hin, dass die *MS Transport* vorher als Segelschiff gefahren ist.

Sicherheitshinweis

Man sollte der für Ostseeverhältnisse relativ großen Tiefe Rechnung tragen, besonders wenn man, wie in dieser Gegend sehr wahrscheinlich, vorher schon einen tiefen Tauchgang hinter sich gebracht hat.

Spill auf dem Vordeck (2)

Unten links Der Bug ist vollständig erhalten (3).

Unten rechts Reste des Klüverbaums am Bug (4)

Tipps für Fotografen

Da das Wrack recht klein ist, können Sie sich in nur einem Tauchgang einen guten Überblick verschaffen. Es ist nicht ganz einfach zu fotografieren, da meist das Umgebungslicht fehlt.

Flora und Fauna

Vom Bewuchs her ist das Wrack »ostseetypisch«, das heißt reichlich mit Seenelken bewachsen. Ab und zu trifft man auch einmal auf einen Dorsch, der dann aber meist von einer Kamera nichts wissen will …

Besondere Merkmale

Das Wrack kann problemlos in einem Tauchgang komplett betaucht werden. Es ist ein kleines, sehr übersichtliches Wrack, sodass man seine Leine zum Auftauchen im Allgemeinen leicht wiederfindet. Trotzdem sollten Sie ein Auge auf Ihre Tauchzeiten haben! Betrachten und fotografieren Sie vor allem die interessante Mechanik an Bord dieses Wracks. Das alte »Bratspill« auf dem Vorschiff ermöglicht einen Einblick in die Schiffseinrichtungen, wie sie in der Mitte des 18. Jahrhunderts üblich waren. Sicherlich birgt die Geschichte dieses Wracks noch einige interessante Geheimnisse.

Wracktauchen: Håbed

Name	Håbed, bekannt als »Porzellanwrack«
Wrack-Nr.	nicht bekannt
Position	den örtlichen Tauchbasen bekannt
Schiffstyp	Frachtkutter oder -ewer, Verdrängung: 79 BRT
Lage	nordöstlich von Mommark
Abfahrt von	Mommark (Dk)
Fahrtzeit	Kutter: 20 min
Tiefe	Grund 34 m, Oberkante 31 m

Historisches

Die *Håbed* wurde 1887 in Marstal auf Ærø aus Eichenholz gebaut, vermutlich als Frachtkutter oder Ewer. Auf einer Reise von Nysted auf Lolland nach Bogense auf Fünen ging die Håbed mit einer Ladung Düngerkalk am 14. Oktober 1929 im Kleinen Belt verloren. Die Untergangsursache wird mit einem plötzlichen »Leckspringen« des Schiffes erklärt. Dieses Leckspringen, verursacht durch das Abspringen einer Planke meist im besonders unter Eigenspannung stehenden Bugbereich, ist bei älteren Holzbooten nicht ungewöhnlich.

Die Schraube ist noch vorhanden, jedoch das Ruderblatt fehlt (1).

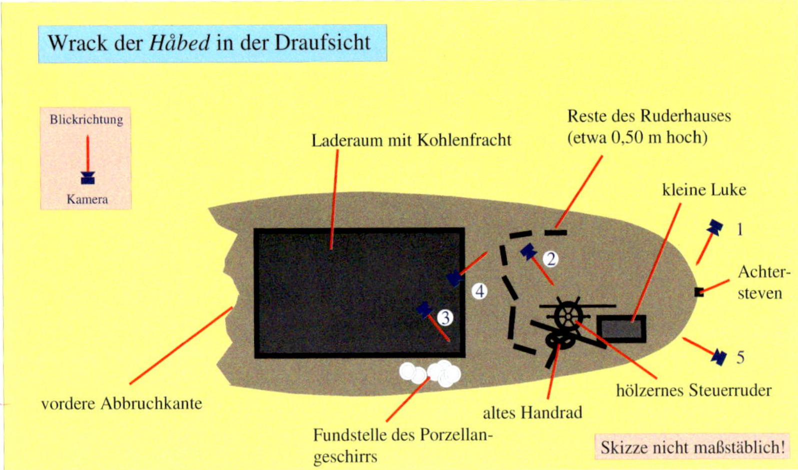

Sicherheitshinweis

Das Wrack liegt für Ostseeverhältnisse recht tief. Achten Sie daher auf Ihre Nullzeiten. Die Håbed *ist ein sehr kleines Wrack, sodass Sie Ihre Leine zum Auftauchen leicht wiederfinden können. Aufgrund der Tiefe und der Dunkelheit ist es aber eher für den geübteren, ostseeerfahrenen Taucher geeignet.*

Überblick

Als wir dieses Wrack zum ersten Mal betauchten, war vor uns scheinbar noch kein Taucher dort, und wir haben es »Porzellanwrack« getauft. An Deck fanden wir Mengen von Porzellangeschirr und Bestecke, auf dem Achterdeck noch das alte hölzerne Steuerrad. Wir haben alles so belassen, wie wir es vorgefunden haben, damit nachfolgende Taucher auch noch etwas zu sehen bekommen. Bitte halten Sie es genauso! Das Heck des Wracks ist sehr gut erhalten und steht auf ebenem Kiel, sogar die Schraube ist noch an ihrem Platz. Das Vorderteil des Schiffes ist komplett verschwunden. Im Laderaum finden sich noch Reste der Fracht.

Flora und Fauna

Das Biotop scheint völlig unberührt, und das Wrack ist gut mit Seenelken bewachsen.

Besondere Merkmale

Die *Håbed* bietet einen schönen Einblick in den Schiffbau vergangener Tage. Besonders die Unberührtheit dieses Wracks macht den Reiz des Tauchgangs aus.

Das Achterdeck (2)

Tipps für Fotografen

Das dunkle Umgebungslicht erschwert das Fotografieren. Wenn Sie nicht über eine Ausrüstung für extreme Weitwinkelaufnahmen verfügen, entscheiden Sie sich am besten für die Makroausrüstung.

Über dem Laderaum (3)

Wracktauchen: S 103

Name	S 103 bekannt als »Schnellboot«
Wrack-Nr.	nicht bekannt
Position	den örtlichen Tauchbasen bekannt
Schiffstyp	Schnellboot, intern. Bez.: Motortorpedoboot
Lage	südöstlich von Mommark (Dk)
Abfahrt von	Mommark
Fahrtzeit	Kutter: 25 min
Tiefe	Grund 35 m, Oberkante 30 m

Historisches

Die deutschen Schnellboote waren im Verhältnis zu dem Schaden, den sie anrichten konnten, in ihrer meist Holzbauweise einfache und »kostengünstige« Schiffe. Auch während des Krieges konnte pro Woche ein Schnellboot auf Kiel gelegt werden. Gebaut wurden sie von Lürssen in Vegesack, Schlichting in Travemünde, Gusto in Schidam und später, als die Bombardierungen im Westen zunahmen, vor allem von der Danziger Wagonfabrik. Sie konnten wegen ihres geringen Tiefgangs durch Flüsse und Kanäle oder zerlegt auch weite Strecken über Land transportiert werden.

Der Taucher befindet sich genau über dem Beobachtungs- und Kommandostand (3).

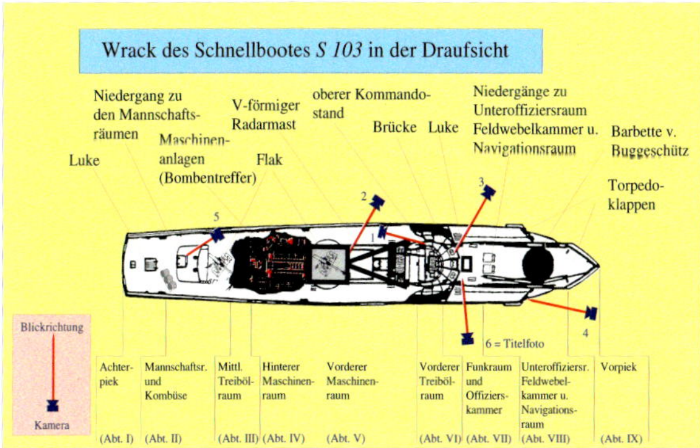

Wrack des Schnellbootes *S 103* in der Draufsicht

Mit teilweise über 40 kn Höchstfahrt waren sie extrem schnell und durch ihre drei Schrauben und Ruder in Verbindung mit einer gewaltigen Motorisierung überaus wendig. Bei Angriffen durch Flugzeuge fuhren sie mit Höchstfahrt im Kreis und machten so gezielten Beschuss aus der Luft fast unmöglich.
Neben dieser Seetüchtigkeit waren sie mit Torpedos, Minen und Wasserbomben ausgestattet. Sie erschienen blitzartig und unerwartet, machten selbst vor waffenmäßig überlegenen Gegnern wie Zerstörern und Kreuzern nicht Halt und verschwanden nach einem Angriff so schnell, wie sie gekommen waren. Das Haupteinsatzgebiet der deutschen Schnellboote war der Kanal von Dover, mit dem Ziel, die Versorgung Englands von See her abzuschneiden.

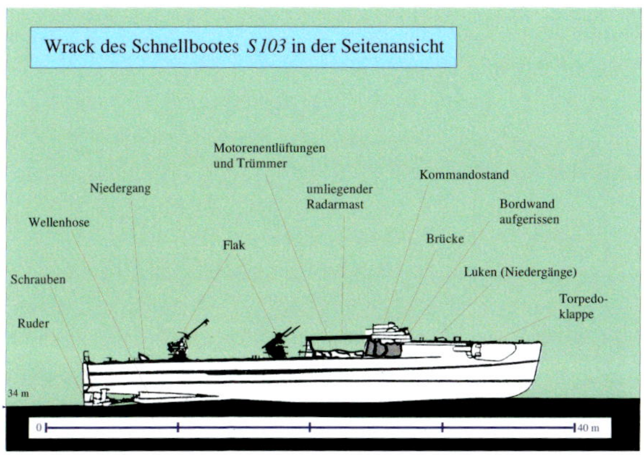

Wrack des Schnellbootes *S 103* in der Seitenansicht

Sicherheitshinweis

S 103 war zum Zeitpunkt der Versenkung voll bewaffnet. Diese Kriegsmaterialien wurden unseren Informationen nach nicht geräumt. Unbekannte Gegenstände auf gar keinen Fall berühren!
An der Untergangsstelle gilt Ankerverbot wegen einer in der Nähe verlaufenden Kabeltrasse.
Der Dunkelheit, Tiefe, Kälte und teilweisen Strömung wegen empfehlen sich Tauchgänge an diesem Wrack nur für wirklich geübte Taucher!
Das Wrack ist nicht sehr groß und kann in einem Tauchgang betaucht werden. Sie sollten jedoch in Betracht ziehen, dass Sie dabei sehr schnell in einen Dekotauchgang hineingeraten.

Torpedoklappe auf der Steuerbordseite

Auch *S 103* operierte vom Februar 1941 an dort, unterbrochen durch einen Einsatz im Finnischen Meerbusen, bei dem es im Juli 1941 auf einen Unterwasserfelsen auflief und schwer beschädigt wurde. Erst am 14. April 1942 konnte es wieder in Dienst gestellt werden. Seit Oktober 1942 wurde es in der Bestandsliste einer S-Boot-Schulflottille geführt, die wieder im Kanal stationiert war. 1944 wurden die Schnellbootflottillen von dort abgezogen.

Am 4. Mai 1945 erhielt *S 103* den Befehl, von Svendborg aus nach Flensburg zu laufen, um zu erkunden, wie weit die britischen Streitkräfte bereits über die Eider hinaus vorgerückt waren. Hauptsächlich sollte das Boot jedoch anschließend möglichst viele Menschen im Zuge der Kurlandräumung retten. Hierzu wurde noch ein großer Zusatztank auf dem Deck installiert. In Anbetracht der gewaltigen feindlichen Flugzeugverbände, die zu dieser Zeit fast ununterbrochen in diesem Luftraum operierten, kam dieser Auftrag beinahe einem Himmelfahrtskommando gleich. Obwohl der Kommandant von *S 103*, Oberleutnant zur See Hans-Wulf Heckel, eindringlich davor warnte, wollten noch einige Marineangehörige unbedingt mit nach Deutschland genommen werden.

Um 12.02 h starteten 41 Jagdbomber vom Typ »Mosquito« vom englischen Flugplatz Banff mit Kurs auf Dänemark. Nach einigen

technischen Schwierigkeiten über der Nordsee erreichte das englische Geschwader, in Begleitung von 18 »Mustang«-Jägern und mehreren »Lightnings«, die Gegend bei Mommark in Dänemark. Dort machten sie gegen 14.30 h das deutsche Schnellboot *S 103* aus, das auf südsüdwestlichem Kurs in Richtung Flensburg lief. An Deck kauerten Marineangehörige, die man mit nach Hause nehmen wollte. *S 103* hatte kurz zuvor mit unklarer Maschine gestoppt. Der Schaden war gerade behoben worden und das Schnellboot dabei, wieder Fahrt aufzunehmen. Durch den wolkenverhangenen Himmel unentdeckt geblieben, stürzten sich vier »Mustangs« und zwei »Lightnings« auf das Schnellboot und griffen es mit Raketen und Maschinenkanonen an. Die Flakgeschütze von *S 103* hämmerten, viel zu spät auf die drohende Gefahr aufmerksam geworden, verzweifelt Löcher in den Himmel, und das Schiff versuchte sich mit äußerster Fahrt hakenschlagend aus der Affäre zu ziehen. Durch die Überladung mit Menschen war das Boot jedoch in seiner Wehrhaftigkeit spürbar eingeschränkt. Schon der erste Angriff setzte die beiden mittschiffs und am Heck stehenden Flakgeschütze durch einen Raketenbombentreffer außer Gefecht. Nach etwa einer halben Stunde ließen die sechs Flugzeuge ein brennendes, sinkendes Wrack zurück. Zwei Treffer

Das vordere Flakgeschütz, von steuerbord aus gesehen. Es weist nach oben und vorn, ein Zeichen dafür, dass *S 103* noch versuchte, sich zu wehren (2).

Tipps für Fotografen

Das Fotografieren des Wracks gestaltet sich auf Grund der Dunkelheit besonders schwierig.

durch Raketenbomben in Abt. III und IV waren entscheidend. In Abteilung III befand sich der mittlere Treibölraum – er wurde voll getroffen. Bei der Versenkung von *S 103* kamen 20 Menschen ums Leben. Die zwölf Überlebenden wurden von einem dänischen Fischerboot gerettet und nach Mommark gebracht.

Werft	Schlichting, Travemünde
Typ (Baureihe)	S 38
Verdrängung	92,5 t
Länge	34,94 m
Breite	5,28 m
Tiefgang	1,67 m
Bauweise	Rundspant-Doppelkraweel-Eiche/Mahagoni/ Weißzeder/Oregonpine/Leichtmetall-Kompositbau
Antrieb	3 Daimler MB 501 20-Zyl.-Dieselmot. mit je 2000 PS auf jeweils eine Welle wirkend; 3 Schrauben mit 1,23 m Durchmesser.
Fahrleistung	39 kn (Höchstfahrt), 35 kn (Marschfahrt), 700 sm
Bewaffnung	2 Torpedorohre, 4 Torpedos, 2 Flakgeschütze 2 cm, 1 Buggeschütz 2 cm , Wasserbomben. S-Boote konnten auch zum Minenlegen eingesetzt werden.

Überblick

Das Wrack von *S 103* liegt südöstlich von Mommark in 34 m Wassertiefe. Es steht aufrecht, auf ebenem Kiel. Bedingt durch die für die Ostsee große Wassertiefe ist es am Wrack auch tagsüber fast immer extrem dunkel. Licht ist ständig erforderlich, will man Details erkennen. In den oberen Wasserschichten sind meistens Sichtbehinderungen durch Algen und Schwebeteilchen zu erwarten. Davon sollte man sich nicht abschrecken lassen, weiter unten und direkt am Wrack ist das Wasser oft sehr klar. Bei westlichen Winden liegt die Tauchstelle gut in der Landabdeckung.

Das Wrack wirkt von allen Seiten betrachtet sehr bedrohlich, und dieser Eindruck wird Sie über den ganzen Tauchgang begleiten. Häufig läuft eine mäßige Strömung in Längsrichtung (vom Bug zum Heck) über das Wrack. Dann ist es unbedingt ratsam, nicht in unmittelbarer Nähe, aber in Sichtweite zum Wrack in Richtung auf das Heck zu tauchen, erst dort den eigentlichen Wracktauchgang zu beginnen und sich gegen die Strömung vorzuarbeiten. Dadurch vermeiden Sie, dass Ihnen Ihr eigner Mulm den ganzen Tauchgang eintrübt, was in umgekehrter Richtung sehr schnell geschehen kann. Ein verkehrter Flossenschlag verdirbt die Sicht für viele Minuten.

Der Bug ist fast unbeschädigt, allerdings fehlt das Buggeschütz. Bis Mitte der neunziger Jahre waren beide Torpedoklappen noch vorhanden und verschlossen. Im Jahr 1996 jedoch machten sich 15 Minentaucher an Bord des Schiffes *Gunnar Seidenfaden* auf den Weg, die brisante Ladung des Wracks zu bergen. Dabei wurden die Torpedorohre komplett entfernt, da die beiden Torpedos im Rohr festgerostet waren. Jeder Sprengkopf hatte etwa 300 kg Sprengstoff in sich und war noch scharf. Das Wrack hat durch die Bergung einiges von seiner Ausstrahlung verloren, ist aber sehr viel sicherer geworden, da auch gleich ein ganzer Stapel Wasserbomben und eine noch scharfe Fliegerbombe mit entfernt wurden. Die Fotos in diesem Buch zeigen den Bug so unbeschädigt und schön, wie er einmal war. Die Brücke könnte mit einiger Mühe

Eingang zur Brücke, backbordseitig (1)

betaucht werden, allerdings ist der Blick durch die Fenster in das Innere genauso interessant und zerstört den Bewuchs nicht. Hinter der Brücke werden Sie unter einem umgelegten Radarmast die Lüftungsklappen des vorderen Maschinenraums entdecken. Dieser V-förmige Mast trug einst das so genannte »Berlingerät«, eine Entwicklung der Firma Telefunken, ein Versuch, die Alliierten bezüglich der Radartechnik einzuholen.

Dahinter stoßen Sie auf das Flakgeschütz, das eigentlich von der Bauart her eine Zwillingsflak sein sollte, aber bei *S 103* als einfaches Geschütz steht. Hinter der Flack beginnt der Bereich der Bombentreffer. Das Deck ist an dieser Stelle meterweit aufgerissen, der Rumpf zur Hälfte mit Schlamm gefüllt. Begibt man sich etwas tiefer in dieses Loch, kann man den Zylinderkopf und die dicken Abgasleitungen des hinteren Antriebsmotors erkennen.

Niedergang auf dem Achterdeck, Zugang zur Kombüse und den Mannschaftsräumen. Die Druckwellen der nahe gelegenen Treffer haben ihn stark zerstört (5).

Flora und Fauna

Das Wrack ist vor allem mit besonders großen, dicht gedrängt stehenden Seenelken bewachsen.

Wracktauchen: Erik

Name	Erik
Wrack-Nr.	nicht bekannt
Position	den örtlichen Tauchbasen bekannt
Schiffstyp	Frachtkutter
Lage	Eingang Flensburger Förde (vor Gammel Pøl)
Abfahrt von	Mommark (Dk)
Fahrtzeit	Kutter: 30 min
Tiefe	Grund 22 m, Oberkante 19 m

Sicherheitshinweis

Keine außer den beim Wracktauchen üblichen Vorsichtsmaßnahmen

Überblick

Die *Erik* war ein kleiner hölzerner Frachtkutter und wie so viele Wracks in der Gegend des südlichen Kleinen Belt mit Kohlen beladen, was man noch heute im Laderaum des Schiffes selbst nachprüfen kann. Die maximale Wassertiefe beträgt etwa 22 m. Das Wrack ragt nur noch ca. 3 m über seine Umgebung auf. Wie fast alle der mit Kohlen beladenen Wracks steht auch das Wrack

Taucher über dem Vordeck

Tipps für Fotografen

Auf dem Vorschiff bieten sich die interessantesten Motive. Taucht man häufiger, sollte man die Makroausrüstung nicht vergessen. Im Frühjahr können Ihnen gute Fotos von Seehasen gelingen.

der *Erik* auf ebenem Kiel. Die Aufbauten des etwa 34 m langen Wracks fehlen völlig. Der hölzerne Rumpf ist jedoch gut erhalten und beherbergt noch so manches seemännische Kleinod wie zum Beispiel Poller, Klampen und ein kleines Spill.

Flora und Fauna

Sie werden am Wrack der *Erik* das für Hartböden in dieser Gegend typische marine Leben mit Seenelken, Miesmuscheln und Seesternen kennen lernen. Besonders im Frühjahr sind hier auch Seehasen zu sehen.

Besondere Merkmale

Zusammen mit dem »Steinfrachter« gehört die *Erik* zu den beiden anfängertauglichen der hier genannten von Mommark aus erreichbaren Wracks im Kleinen Belt. Sie können die *Erik* problemlos mit einem Tauchgang erkunden. Am interessantesten ist das Vorschiff, auf dem noch einige maritime Gegenstände stehen und dort hoffentlich auch bleiben.

Maststumpf und Ladeluke

Taucher über dem Deck

Wracktauchen: Steinfrachter

Name	Schiffsname nicht bekannt, genannt »Steinfrachter«
Wrack-Nr.	nicht bekannt
Position	den örtlichen Tauchbasen bekannt
Schiffstyp	Frachtkutter
Lage	Eingang Flensburger Förde (vor Gammel Pøl)
Abfahrt von	Mommark (Dk)
Fahrtzeit	Kutter: 40 min
Tiefe	Grund 20 m, Oberkante 18 m

Überblick

Der »Steinfrachter« liegt nahe bei Mommark sehr geschützt in unmittelbarer Landnähe. Die maximale Wassertiefe beträgt ca. 20 m. Bei dem Wrack handelt es sich um die Überreste eines kleinen hölzernen Frachtschiffes, voll geladen mit Ziegelsteinen. Der »Steinfrachter« ragt nur noch etwa 2 m über die Umgebung empor. Die Wracküberreste stehen auf ebenem Kiel.

Sicherheitshinweis

Nur ein normaler Ostseetauchgang in 20 m Tiefe.

Tipps für Fotografen

Hier lohnt sich eher die Makroausrüstung.

Flora und Fauna

Der harte Untergrund der Wracküberreste und die Ladung Ziegel bieten eine gute Wachstumsmöglichkeit für allerlei marine Lebensformen.

Besondere Merkmale

Auch wenn man das Tauchen hier eigentlich nicht als Wracktauchgang bezeichnen kann, interessanter als ein normaler »Strandtauchgang« ist es allemal und bietet sich als Einstieg für unerfahrenere Taucher in das Wracktauchen in der Ostsee an. Das Wrack der *Erik* und der »Steinfrachter« sind die einzigen anfängertauglichen Wracks im Kleinen Belt.

Wracktauchen: Inger Klit

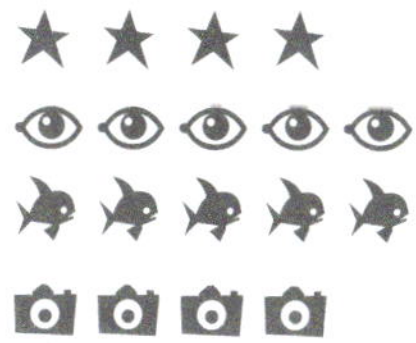

Name	Inger Klit
Wrack-Nr.	1259
Position	54° 49.783'N 09° 45.09'E
Schiffstyp	Küstenmotorschiff, 330 ton deadw., 186 grosston.
Lage	Flensburger Außenförde, Nähe Fahrwassertonne
Abfahrt von	Langballig (kleinere Boote), Sønderborg (Dk), Mommark (Dk), Maasholm
Fahrtzeit	Schlauchboot ab Langballig: 10 min Kutter ab Sønderborg: 30 min Kutter ab Maasholm: 2 h Kutter ab Mommark: 2 h
Tiefe	Grund 25 m, Oberkante 15 m

Historisches

Das Schiff wurde bei H. C. Christensen, Marstal, in Dänemark gebaut. Im März 1954 war es fertig gestellt und auf den Namen Inger Klit getauft. Die Schiffsbaureihe war offenbar sehr erfolgreich, denn auch heute noch sieht man in dänischen Häfen einige ihrer Schwesterschiffe. 1972 wurde die *Inger Klit* ein Stück verlängert, seitdem hatte sie eine Verdrängung von 330 ton deadweight.

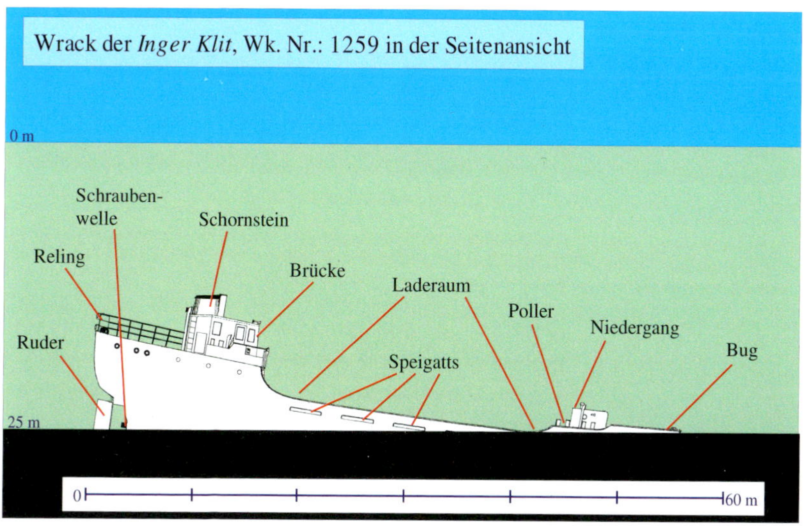

Sicherheitshinweis

Die oft recht heftige Strömung verlangt vom Taucher besonders gute Kondition. Bedingt durch die Lage im Fahrwasser ist mit starker Geräuschentwicklung durch Schiffe zu rechnen. Nur an der Bojen- bzw. der Ankerleine auftauchen!
Kleinere Boote sollten unbedingt mit einem Radarreflektor ausgestattet sein, damit sie vom Schiffsverkehr erkannt werden.

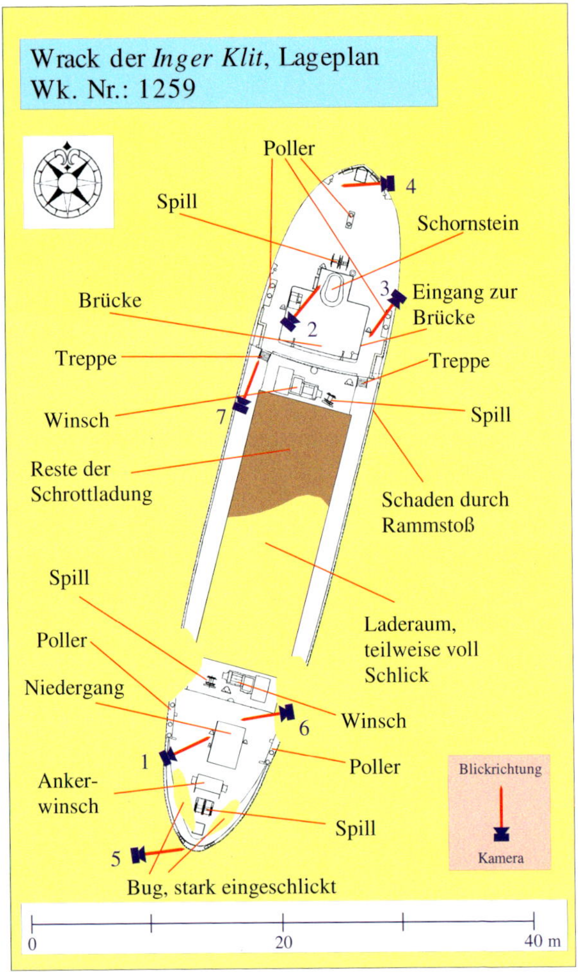

Im Februar 1980 sank die *Inger Klit* nach einer Kollision mit dem deutschen Frachter *Lina von Bargen*. Zum Zeitpunkt der Kollision herrschte in der Flensburger Förde dichter Nebel. Die *Inger Klit* fuhr leer, sie hatte lediglich Schrott als Ballast in ihrem Laderaum. Die wesentlich größere *Lina von Bargen* hat den Unfall ohne größere Schäden überstanden, wurde zweimal verkauft und umbenannt und fährt jetzt unter dem Namen *Zug* für den Österreichischen Lloyd.

In Ålborg, Oktober 1976

Tipps für Fotografen

Das Wrack ist für Makro- und Wrackfotografen gleich interessant. Es lohnt mehrere Tauchgänge, z.B. einmal mit Weitwinkelobjektiv, ein andermal mit Makroobjektiv.

Überblick

Das Wrack der *Inger Klit* liegt in der Nähe von Langballig quer im Fahrwasser. Es steht in max. 25 m Wassertiefe auf ebenem Kiel. Mit einer Länge von etwa 57 m zählt es schon zu den größeren Wracks der westlichen Ostsee. Durch die geschützte Lage kann das Wrack fast bei jedem Wetter betaucht werden und ist leicht von Langballig aus mit dem Schlauchboot anzufahren.

Die Brücke des Wracks ist gut erhalten und kann problemlos, auch von innen, betaucht werden. Vor der Brücke befindet sich der Laderaum, immer noch beladen mit Schrott, auch er ist zugänglich.

Auf dem Vordeck stehen noch Winschen und Poller, über und über mit Seenelken bewachsen. Das ganze Wrack wirkt wie ein riesiger Blumenkübel.

Am Bug sind nur noch etwa 50 cm Freibord vorhanden, da das Wrack zunehmend versandet, der Bug sinkt immer tiefer in den

Unten links Der Bug ist schon stark eingesunken (5).

Unten rechts Niedergang auf der vorderen Back (6)

Rechts Lufthutze dicht mit Seenelken überwuchert (1)
Oben Auch der kleine Schornstein ist üppig bewachsen (2).

Grund ein. Am Heck steht das Wrack aber noch komplett frei, leider fehlt die Schraube.

Flora und Fauna

Das Wrack verfügt über ein einzigartiges Biotop. Große Seenelken stehen dicht gedrängt. Im Laderaum findet man häufig Ansammlungen von Dorschen und anderen Ostseefischarten.

Oben Eingang zur Brücke (3)
Links Auf dem Achterdeck stehen Poller und andere Deckseinrichtungen. Die Heckreling ist noch komplett vorhanden und wunderschön bewachsen (4).
Folgende Seite Der Niedergang führt von den Brückenaufbauten herunter zum Mittschiffsbereich mit dem Laderaum (7).

Besondere Merkmale

Am Wrack der *Inger Klit* herrscht oft eine recht heftige Strömung. Sie ist zwar verantwortlich für das schöne Biotop, verlangt aber dem Taucher einiges an Kondition ab. Muss man dann den Weg längs über das Schiff zurücklegen, wählt man am besten den Weg durch den Laderaum. Dann muss man wenigstens nicht gegen die Strömung ankämpfen.

Wracktauchen: Sophie

Name	Sophie
Wrack-Nr.	nicht bekannt
Position	den örtlichen Tauchbasen bekannt
Schiffstyp	Segler, ca. 30 m lang, Verdrängung: 72 BRT
Lage	Flensburger Außenförde
Abfahrt von	Sønderborg (Dk), Mommark (Dk), Langballig
Fahrtzeit	Kutter ab Sønderborg: 1 h
	Kutter ab Mommark: 1 h 30 min
	Schlauchboot ab Langballig: 20 min
Tiefe	Grund 28 m, Oberkante 23 m

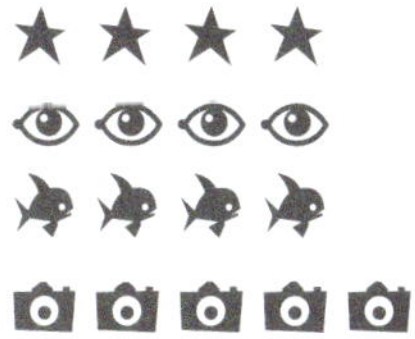

Historisches

Die *Sophie* wurde 1911 in Kjøge aus Eichenholz gebaut. Ihre letzte Reise sollte sie mit einer Ladung Zement von Ålborg nach Gråsten führen. Am 27. August 1930 war jedoch das Glück nicht auf der Seite des Skippers.

Um 20 h passierte man den Ort Skjoldnæs. Das Wetter wurde schlechter, Regenschauer kamen auf. Gegen 21.30 h glaubte man,

Wrack der *Sophie*, Lageplan

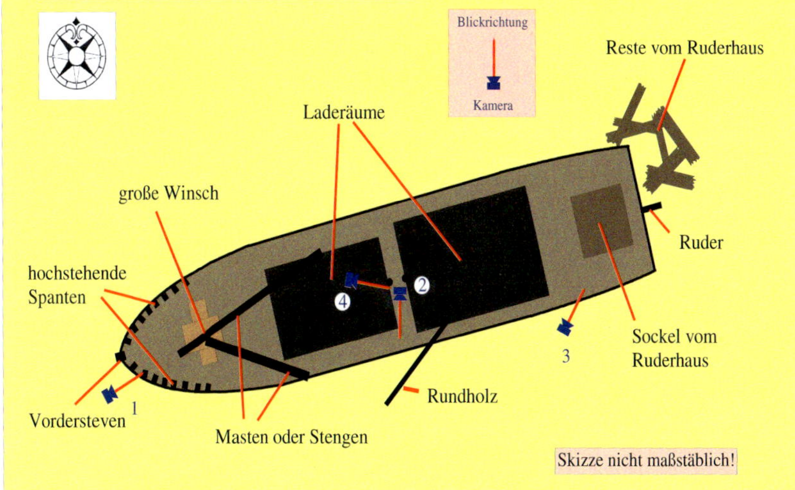

Der Bug ist wie das ganze Wrack dicht bewachsen (1).

die Glockentonne des Pølsriffs auf der Backbordseite zu hören. Sofort wurde ein Lot klargemacht, um die Wassertiefe zu messen. Bevor das Bleigewicht jedoch den Grund berühren konnte, hatte dies schon das Vorschiff getan, und zwar gründlich. Sekunden später krachte es auch achtern. Das Schiff blieb jedoch in Fahrt und änderte seinen Kurs zunächst nach Osten und dann nach Süden.

Nach 10 Minuten, querab vom Leuchtturm von Kegnæs, wurde der Besatzung klar, dass das Schiff reichlich Wasser aufnahm und sich nicht mehr lange halten würde. Sofort wurden Notsignale mit dem Nebelhorn und einem offenen Feuer gegeben. Das Schiff nahm Kurs auf das Feuerschiff des Kalkgrundes. Nachdem jedoch der Motor unter Wasser stand und die Pumpen ausgefallen waren, gab die Besatzung das Schiff auf und stieg in das kleine Beiboot um.

Um 23 h kenterte die *Sophie* über die Backbordseite und sank innerhalb weniger Minuten. Die Besatzung erreichte gegen 24 h mit dem Beiboot das Feuerschiff von Kalkgrund und wurde gerettet. Der Schiffer wurde nach dem Untergang der *Sophie* vor Gericht gestellt und musste eine Buße von 50 dkr wegen »schlechter Seemannschaft« zahlen.

Die hölzerne Reling ist teilweise gut erhalten und dicht mit Seenelken überwachsen (2).

Überblick

Die *Sophie* liegt in der Flensburger Außenförde in 28 m Wassertiefe, mit einer leichten Neigung nach vorn, auf ebenem Kiel. Das Wrack steht auf Schlickboden, ist aber nur im vorderen Bereich leicht eingeschlickt. Der ehemalige Segler wurde zur Beförderung verschiedener Frachten eingesetzt. Davon zeugen heute noch zwei große Laderäume. Der Rumpf des Schiffes ist bemerkenswert gut erhalten und wirkt teilweise sehr malerisch. Die ehemaligen Heckaufbauten fehlen, sie liegen achtern auf der Steuerbordseite neben dem Wrack.

Das Wrack ist aufgrund seiner geringen Größe sehr übersichtlich. Sie können es innerhalb eines Tauchganges komplett umrunden.

Flora und Fauna

Das gesamte Wrack der *Sophie* ist dicht mit Seenelken überwuchert. Dadurch gehen zwar einige Wrackdetails für den Betrachter verloren, aber dieser ungeheure »Blumenkasten« zieht trotzdem jeden Taucher in seinen Bann; für manchen ist es das schönste Wrack in der Flensburger Förde. Auf dem Vordeck befindet sich noch eine große Winsch. Auch sie ist, obwohl hier zumeist die Tauchschiffe festmachen, mit Seenelken dicht überwuchert.

Tipps für Fotografen

Wegen des besonders reichhaltigen Biotops Makroausrüstung nicht vergessen. Teilweise ist sogar noch die hölzerne Reling des Wracks erhalten. Im Gegenlicht der Taucherlampe des Partners ergibt das wunderschöne Fotomotive.

Bordwand und Reling sind dicht mit Seenelken bewachsen (3).

Sicherheitshinweis

Die Wassertiefe von 28 m ist für Ostseeverhältnisse schon recht groß. Nichts für Anfänger! Besonders an Wochenenden müssen Sie damit rechnen, dass Freizeitskipper die Bedeutung der Taucherflagge nicht kennen – oder nicht kennen wollen – und zu nah herankommen.

Besondere Merkmale

Wie eingangs erwähnt, ist das Wrack von Schlickboden umgeben. Wenn Sie also außen an der Bordwand entlangtauchen, rufen Sie es sich bitte in Erinnerung, dass ein solcher Untergrund einen ungeschickten Flossenschlag überhaupt nicht verzeiht und Sie zur Strafe völlig einnebelt! Auch Ankermanöver können hier einen Tauchgang restlos ruinieren. Der Anker hält in der Regel auf diesem weichen Untergrund nicht, dafür nebelt er beim »Pflügen« sehr schnell das gesamte Wrack ein! Dieses liegt im Fahrwasser nach Sønderborg. Man wird sich also auf einigen Lärm, verursacht durch vorüberfahrende Schiffe, einstellen müssen. Wichtig ist, dass das Tauchbasenschiff über dem Wrack wartet und dass während des Tauchens das Funkgerät ständig besetzt ist.

Maststumpf am Laderaum (4)

Im rechten Gebäudeteil des Brunsnaes Kro befindet sich die Tauchbasis von Claus Valentin.

Tipps für Taucher

Service
Für die Förde Tauchschule und Shop zeichnet Peter Kopsch verantwortlich, der auch Vorsitzender des Unterwasserclubs Baltic ist. Er betreibt auch eine Füllstation – nach Absprache, da die Station nicht immer besetzt ist. Unterrichtet wird nach CMAS/VDST.

Adresse
Förde Tauchschule und Shop, Peter Kopsch, Holzkrugweg 6, 24941 Flensburg, Tel.: 0461-63 552 und 0461-940 23 71

Service
Tauchausfahrten in die Flensburger Förde, in den Kleinen Belt und nach Als macht Diving Team Denmark.

Adresse
Detlev Kirsch, Noerre Lande Vaj 53, Kegnaes, Dänemark
Tel.: 0173-212 76 90, Tel. in DK: +45 512 943 66
www.ostseewracktauchen.de
www.diveteamals.com
E-Mail: detlevkirsch@aol.com

Service
Tauchlehrer und Unterwasserfotograf Jan Langmaack bietet Ihnen die Möglichkeit, die schönsten Tauchplätze in der dänischen Südsee und norddeutschen Ostsee in professioneller Begleitung zu erkunden.
Jan Langmaack, Flensburg, Tel.: 0179-544 60 65
www.tauchen24.info

Eckernförder Bucht

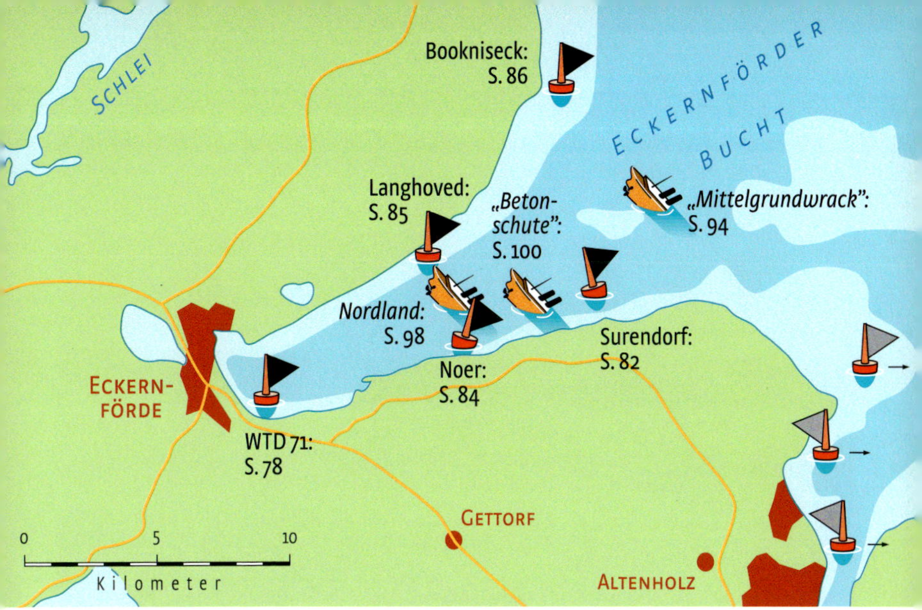

Eines der wohl schönsten Tauchreviere in Schleswig Holstein ist die Eckernförder Bucht. Zwei Stellen sind hier besonders hervorzuheben. Beide liegen – leider – in einem militärischen Sperrgebiet. Dennoch wird hier schon seit Jahren getaucht. Bislang wurde dies von den Behörden auch mehr oder weniger toleriert. In letzter Zeit ist es jedoch auch vorgekommen, dass sich Taucher eine Menge Ärger und sogar Strafen eingehandelt haben. Zum Beispiel, wenn sie trotz eines entsprechenden Verbots die Brücken der Marine betreten haben. Hält man sich aber an die Spielregeln, bleibt man an sich unbehelligt. Nur – eine Garantie dafür gibt es nicht. Fallen wieder einmal Taucher auf, wird in den Wochen danach meist schärfer kontrolliert. Man kann deshalb nur an den Gemeinsinn der Taucher appellieren, sich doch bitte an die hier geltenden ungeschriebenen Gesetze zu halten. Offizielle Lesart ist, dass die Wasserschutzpolizei angewiesen ist, gegen Taucher vorzugehen und Verwarngelder zu verhängen.

Der Leuchtturm und Boote der Wasserschutzpolizei in Eckernförde

Tauchgebiet WTD 71

Das erste Tauchgebiet, von dem hier die Rede sein soll, wird unter Tauchern WTD 71 genannt. WTD steht für »Wehrtechnische Dienststelle der Bundeswehr« und ist die technische Bezeichnung für eine Torpedo-Versuchsstation. Von hier aus werden Torpedos kontrolliert in die Bucht geschossen, um sie am Ausgang der Bucht an einer ähnlichen Brücke wieder einzufangen.

Anfahrt

Das Tauchgebiet liegt am Südende der Eckernförder Bucht direkt neben dieser Bundeswehreinrichtung. Über die Bundesstraße 76 aus Kiel Richtung Eckernförde kommt man kurz vor dem Ortseingang zum Strandpavillon am Badestrand. Hier befindet sich die Einfahrt zu einem bewachten und kostenpflichtigen Parkplatz.
Parken sollte man am besten auf dem höher gelegenen Teil. Von dort aus hat man nicht nur einen herrlichen Blick über die Bucht, sondern kann auch den Tauchplatz sehen. Durch einen kleinen Weg gelangt man über eine Stahltreppe zum Strand direkt vor dem Parkplatz.
Eckernförde ist ein beliebtes Familienbad – dies gilt besonders für

Der vordere Teil des Eckernförder Hafens mit dem alten Leuchtturm. Hier legen auch die Tauchschiffe an.

diesen Strand. Während der Badesaison ist Parkraum – obwohl reichlich vorhanden – deshalb immer knapp. Der Strand ist auch bei Surfern sehr beliebt. In der Regel gehen sich aber Surfer und Taucher aus dem Weg. Der Tauchplatz ist durch vier gelb-schwarze Untiefentonnen bezeichnet und liegt etwa 300 m vom Strand entfernt. Die Tonnen sind vom Einstiegsplatz aus deutlich zu sehen und helfen bei der Orientierung.

Einstieg

Einsteigen sollte man von der Kreuzbake, die das Sperrgebiet an Land markiert. Diese Bake steht praktisch in der Mitte der Untiefentonnen. Die Peilung liegt bei 200° bis zur Mitte des Tauchgebietes.

Eine andere Möglichkeit bietet der Einstieg vom Strand aus direkt unter dem Parkplatz. Angepeilt wird die Nordtonne mit 10°. Beim Tauchplatz handelt es sich um die Trümmer einer alten Steganlage mit einer Plattform am Ende. Sie wurde von den Engländern nach dem Krieg gesprengt. Der Grundriss entspricht dem des neuen Steges gleich nebenan.

Der Strand fällt sanft auf zunächst 2 m ab. Nach einem Seegrasfeld kommt wieder eine freie Sandfläche. Erster Orientierungs-

Vier gelbe Tonnen neben der neuen Brücke weisen auf die alte Brückenanlage hin.

punkt ist eine »Höhle«, die allerdings nicht viel mehr ist als ein Bogen aus Betonplatten. Reinkriechen kann man in die Höhle nicht, nur reinsehen. Von dort geht es weiter auf 5 m bzw. 5,5 m zu den Baumstämmen. Danach beginnt das eigentliche Trümmergelände, das sehr schnell wieder aufsteigt bis zur so genannten Plattform in der Mitte. Diese Betonplatte misst ungefähr 2 m^2 und liegt je nach Wasserstand nur etwa 2 m unter dem Wasserspiegel.

Flora und Fauna

Die Trümmer weisen starken Bewuchs auf und werden von zahlreichen kleinen Fischen als Schutz für ihre Brut genutzt. Aale, Aalmuttern und Seehasen trifft man eher selten an, dafür aber Nacktschnecken und Seenelken an strömungsgünstigen Stellen.

Sicht und Tiefe

Beste Sichtverhältnisse findet man im Frühjahr und Herbst vor. Im Sommer ist das Wasser meist durch starken Algenwuchs getrübt. Rechts und links von den Trümmern liegt die Tiefe bei etwa 5,7 m. Hinter der Plattform in Peilung 210° fällt der Grund auf 8 m und

dann sehr schnell auf 10 m ab. Hier endet auch das durch die Tonnen ausgewiesene Sperrgebiet.
Der Tauchplatz gilt als leicht und wird besonders gern von Anfängern genutzt. Dennoch ein Wort zur Vorsicht:

Sicherheitshinweis
An einigen Stellen ragen noch Reste der Armierung aus dem Beton. Deswegen kann es auch zu Verfälschungen bei der Kompassnavigation in unmittelbarer Nähe der Trümmer kommen. Niemand sollte auf ein »Gewohnheitsrecht« zum Tauchen pochen und vor allem nicht in die Nähe der neuen Steganlage links vom Trümmergelände tauchen. Ein Streit mit der Bundeswehr kann nur dazu führen, dass das Gelände wirklich für jede Nutzung strikt gesperrt wird.

Als Gegenstück zur Steganlage der Torpedo-Versuchsstation WTD 71 liegt die Auffangstation am rechten Ufer am Ausgang der Eckernförder Bucht bei Surendorf. Das Tauchgebiet liegt rechts von dieser Steganlage.

Vorbereitung zum Tauchgang an der Hafenmole

Tauchgebiet Surendorf

Anfahrt

Von Kiel aus fährt man über die ausgeschilderte Nebenstrecke Richtung Eckernförde, die Bundesstraße 503, nach Surendorf. Im Ort selbst folgt man dann der Ausschilderung zum Strand und dem sehr beliebten Campingplatz. Im Gegensatz zum Tauchplatz WTD 71 kann man hier aber nicht direkt am Strand parken. Der Weg ist meistens durch eine Schranke gesperrt. Deshalb muss man noch etwa 400 m die Straße entlang bis zum Strand gehen. Manchmal hat man Glück und kann zumindest die Ausrüstung vorher abladen. Auch dieses Tauchgebiet liegt in einem militärischen Sperrgebiet – obwohl hier seit mehr als zwanzig Jahren regelmäßig getaucht wird.

Einstieg

Der Einstieg erfolgt vom Strand aus. Ausgangspunkt sollten einige Trümmerreste direkt am Ufer vor dem Segelclub sein. Die Peilung liegt bei 350°. Der Strand fällt auch hier wieder leicht ab. Gekennzeichnet ist auch dieses Sperrgebiet durch Tonnen.
Zwei liegen rechts von der neuen Steganlage, die beiden anderen links vom Pier und sind deshalb vom Ausgangspunkt aus nicht zu sehen. Die Trümmer – das gesprengte Pendant zur alten Brücke am Ende der Bucht – liegen am rechten Rand dieses Sperrgebietes und sind durch drei gelb-schwarze Untiefentonnen gesondert ausgewiesen. Am Ende des ehemaligen Stegs ragen noch immer einige Trümmerreste aus der Ostsee.

Im Laufe der Jahre bewachsene Stahlteile und Träger bilden einen Torbogen, den man gefahrlos durchtauchen kann (WTD 71).

Gekennzeichnet durch Tonnen, sind die Reste der alten Anlage rechts neben der neuen Brücke im Wasser klar auszumachen.

Getaucht wird entlang der zerstörten Brücke. Bei der 3-m-Linie fangen die Trümmer an. An der Längsseite gibt es immer wieder sehr interessante »Höhlen« und auch Durchgänge, durch die man zur anderen Seite tauchen kann. Mit dem entsprechenden Licht entdeckt man in diesen Höhlen sehr schönen Bewuchs. Hineintauchen kann man in die Höhlen allerdings nicht.

Tiefe und Sicht

Das Ende des Piers liegt in 8 m Tiefe. Orientierungspunkt ist ein aus dem Wasser ragendes Trümmerstück. Von hier aus kann man in der Peilung 20° zum so genannten Plateau in 12 m Tiefe weitertauchen. Diese Plattform liegt in einer Entfernung von etwa 30 m an der äußersten rechten Ecke des Sperrgebietes. Bei Ostwind lohnt die Sicht nicht.

Flora und Fauna

Die Steganlage ist ein beliebtes Revier der Lippfische, genannt Riffbarsche, die man hier praktisch zu jeder Jahreszeit antreffen kann. Am Rand der Trümmer tummeln sich auch gerne Seehasen. Einen Nachttauchgang sollte man hier durchaus einplanen.

Deutlich erkennbar ist die Abbruchkante zum tiefen Bereich vor dem Campingplatz.

Tauchgebiet Noer

Anfahrt

Von Surendorf über die Bundesstraße 503 in Richtung Eckernförde gibt es noch einen erwähnenswerten Tauchplatz. Er liegt bei der Gemeinde Noer in einer kleinen Bucht etwas links vom ausgewiesenen Campingplatz.

Flora und Fauna

Das Gebiet profitiert ebenfalls von der leichten Grundströmung. Entsprechend reich sind der vielfältige Pflanzenwuchs und der Fischbestand.

Auf dem Boden finden sich immer wieder interessant bewachsene große Steine. Während die Vegetation in den im Sommer oft sauerstoffarmen Buchten der Ostsee meist schon ab 5 m sichtbar abgestorben ist, findet sich hier noch Bewuchs bis in eine Tiefe bis 10 m.

Die Sicht ist – wegen der leichten Strömung – meist gut. Probleme gibt es nur im Hochsommer zur Algenblüte durch Plankton, aber selbst dann ist hier die Sicht hier besser als an vielen anderen Stellen.

Tauchgebiet Langhoved

Ein oft für Schulungen genutztes Revier liegt auf der anderen Seite der Eckernförder Bucht bei Langhoved oder auch Langhöft, wie es auf manchen Karten eingezeichnet ist.
Zu sehen ist hier nicht sehr viel außer Seegras. Bekannt geworden ist der Platz wegen seiner Tiefen über 20 m, die in der Ostsee an von Land aus betauchbaren Plätzen durchaus nicht üblich sind. Wer dies ausprobieren möchte, sollte bis zur Boje schnorcheln

Das Tauchgebiet mit Tiefen über 20 m zwischen dem Campingplatz Langhoved in Richtung Karlsminde. Erkennbar die Abbruchkante zum tiefen Bereich.

Am Wrack der *Nordland*

und dann dort runtergehen (ca. 10–13 m). Kurz danach fällt der Grund sogar auf bis zu 27 m ab. Viele, die in Schleswig-Holstein ihren »Open Water« ertaucht haben, sammelten hier ihre erste Erfahrung mit der Tiefe.

Tauchgebiet Bookniseck

Etwas weiter nördlich an der Küste entlang liegt Bookniseck. Der Grund besteht hier aus einer Torfschicht mit sehr interessanten Formationen und vielen bewachsenen Felsen. Sehr gemütliches Tauchen in Tiefen um 7 m.

Wracktauchen: Räumboot R 222

Name	R 222
Wrack-Nr.	1197
Position	54° 40.330' N 10° 07.790' E
Schiffstyp	Minenräumboot
Lage	Nähe Schleimündung
Abfahrt von	Maasholm, Damp, Marina Wendtorf, Eckernförde
Fahrtzeit	Kutter ab Maasholm: 40 min
	Kutter ab Damp: 50 min
	Kutter ab Marina Wendtorf: 2 h 10 min
	Kutter ab Eckernförde: 2 h 20 min
Tiefe	Grund 20 m, Oberkante 16 m

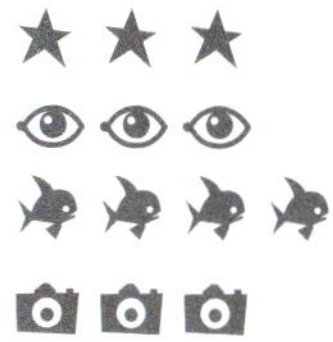

Historisches

Das Räumboot *R 222* wurde am 13. Oktober 1943 in Dienst gestellt und der 10. Räumbootsflottille zugeteilt mit einer Besatzung von einem Offizier und 35 Mann. Am 21. Februar 1944 ging das Boot durch einen Grundminentreffer vor Schleimünde verloren.

Es wurde in einer »Quer- und Längsspant-Stahl-Leichmetall-Mahagoni-Doppeldiagonalkraweel-Kompositbauweise« gebaut. Die Räumboote ähnelten in ihrer Baustruktur den Schnellbooten, wie z. B. *S 103* (S. 54–62). Die großzügige Verwendung von Holz war bei Räumbooten notwendig, um die Gefährdung durch Minen mit Magnetzündern zu verringern. Diese Bauweise gab den Rümpfen eine enorme Festigkeit und wird auch heute noch im Yachtbau verwendet. Die hohe Festigkeit war bei Räumbooten

Das Räumboot *R 266* ist vom gleichen Typ wie *R 222*.

Sicherheitshinweis

R 222 ist ein militärisches Wrack. Obwohl es geräumt wurde, ist nicht auszuschließen, dass sich noch Munition dort befindet. Nichts anfassen und die entsprechenden Marinestellen (Marine) benachrichtigen. Sonst keine über die normalen Sicherheitsregeln beim Wracktauchen hinausgehenden Vorkehrungen nötig.

besonders wichtig, um Minendetonationen auch in Schiffsnähe zu überstehen. Räumboote wie *R 222* wurden häufig auch zum Minenlegen eingesetzt. Hierzu konnten bis zu zwölf Minen an Bord untergebracht werden.

Länge	39,35 m
Breite	5,72 m
Tiefgang	1,61 m
Höchstfahrt	22,5 kn
Maschine	2 MWM-6-Zyl.-Viertakt-Diesel RS 143 Su mit Aufladung; 249 l Hubraum
Leistung	2 Motoren mit je 1550 PS, ca. 1000 sm bei 15 kn
Bewaffnung	1 Flakgeschütz 3,7 cm, 3 bis 6 Flakgeschütze 2 cm, bis zu 12 Minen

Überblick

Das Wrack von *R 222* liegt in maximal 20 m Wassertiefe. Der Tauchplatz hat Landabdeckung und ist somit (außer bei Ostwind!) sehr ruhig und geschützt. Die Überreste von *R 222* stehen auf ebenem Kiel. Das Wrack ist in zwei Teile zerbrochen. Der Bug fehlt, aber das Heck ist noch einigermaßen erhalten. Im ehemaligen Mittschiffsbereich liegen noch Maschinenteile umher, und

Reste von Aufbauten, unten ein Lüfter

einzelne Spanten ragen aus dem Sand, teilweise mit gut erkennbaren Resten einer Kraweelbeplankung. Von den ehemaligen Aufbauten ist so gut wie nichts mehr vorhanden, lediglich der Innenraum des Hecks kann von vorne her betaucht werden.

Tipps für Fotografen

Besonders im Frühjahr sollten Sie wegen der Seehasen Ihre Makroausrüstung nicht vergessen.

Flora und Fauna

Der Bewuchs an diesem Wrack war einmal fantastisch, hat aber in den letzten Jahren stark nachgelassen. Wo vorher Seenelken dicht beieinander standen, ist heute nur noch das blanke Holz oder Rost zu sehen. Man findet lediglich noch vereinzelte Seenelken und viele, aber zumeist tote Miesmuscheln am Wrack. Im Frühjahr kann man hier jedoch auch jetzt noch große Seehasen antreffen.

Besondere Merkmale

Das Wrack ist recht klein, einfach zu betauchen und bei ruhiger Wetterlage durchaus »einsteigertauglich«. Sie können es innerhalb eines Tauchgangs komplett erkunden. Lediglich eine mäßige Strömung, parallel zum Ufer, fordert manchmal die Kondition des Tauchers. Durch seine ufernahe Lage ist *R 222* von Maasholm aus auch gut mit dem Schlauchboot zu erreichen. Allerdings benötigen Sie zur Suche GPS und einen Echografen.

Im mittleren Bereich sind nur noch die Spanten vorhanden.

Wracktauchen: Svendborgsund

★ ★ ★

Name	Svendborgsund
Wrack-Nr.	1239
Position	54° 37.130' N 10° 08.680' E
Schiffstyp	Küstenmotorschiff, ca. 560 t deadw., 299 grosston
Lage	nordöstlich Damp, ca. 9 sm N Leuchtturm Kiel
Abfahrt von	Damp, Marina Wendtorf, Eckernförde, Maasholm
Fahrtzeit	Kutter ab Damp: 45 min Schlauchboot ab Damp: 30 min Kutter ab Marina Wendtorf: 1 h 30 min Kutter ab Eckernförde: 2 h Kutter ab Maasholm: 1 h 15 min
Tiefe	Grund 24 m, Oberkante 19 m

Sicherheitshinweis

In dem tiefen Schlamm an der Svendborgsund *hält kein Anker, außerdem nebelt man damit das gesamte Wrack in Rekordzeit ein. Als Befestigungspunkt für das Boot bietet sich die Strebe oberhalb der Schraube an. Die Ankerleine sollte auch nur dort festgemacht werden, um weitere Zerstörungen am Bewuchs zu vermeiden. Außerdem findet man sie dort jederzeit wieder.*

Historisches

Das Wrack der *Svendborgsund* ist vielen Tauchern eher unter dem Namen »Svendborg« bekannt. Die Svendborgsund wurde in Århus gebaut und erhielt am 23. September 1964 den Namen Kenitha. Sie war als Küstenmotorschiff konzipiert, ein Fahrzeug von ca. 60 m Länge für Frachtverkehr zwischen den Hafenstädten im Nord-Ostseeraum. Im Januar 1976 wurde sie nach Svendborg verkauft und bekam den Namen *Hanne Stevens*. Im August 1977 verkaufte man sie erneut. Diesmal ging sie an Kapitän Knud Olsen in Svendborg und fuhr seitdem als *Svendborgsund*. Ihre letzte Reise sollte mit einer Ladung Hopfen von Nakskov in Dänemark nach

Die *Svendborgsund*, Februar 1979
Rechte Seite oben Taucher unter dem Wrack (1)
Rechte Seite unten Die Schraube war dicht bewachsen (2).

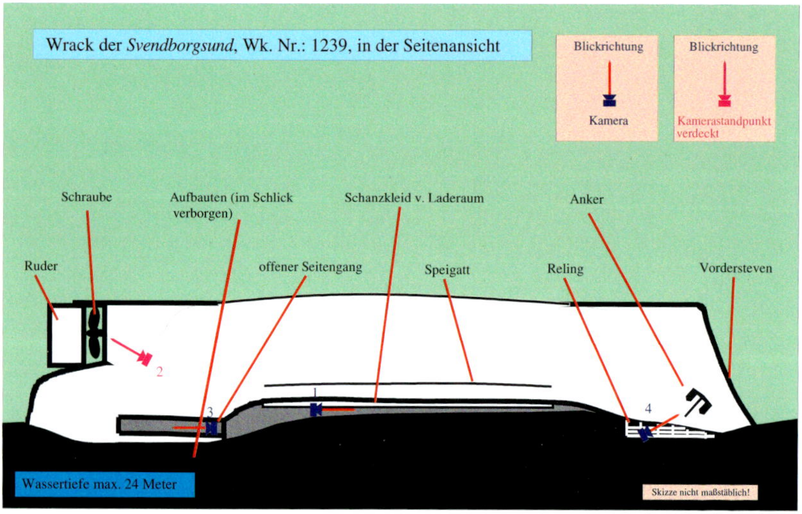

Ruysbrock in Holland führen. In der Silvesternacht 1978 geriet sie bei sehr schlechten Wetterbedingungen durch Vereisung der Aufbauten in derart große Schwierigkeiten, dass die Besatzung das Schiff verlassen musste. Sie sank am 2. Januar 1979 etwa 9 sm nördlich des Kieler Leuchtturmes.

Überblick

Die *Svendborgsund* liegt nordöstlich von Damp in maximal 24 m Wassertiefe auf stark schlammigem Grund. Das Wrack steht überkopf, mit etwa 30° Neigung zur Steuerbordseite des Schiffes. Mit beinahe 60 m Länge zählt dieses Wrack zu den größten in der westlichen Ostsee. Unter der höher gelegenen Backbordseite ist in den letzten Jahren eine starke Auskolkung entstanden. Das Wrack wurde eigentlich erst hierdurch interessant, da man jetzt das Brückennock und einen kleinen Teil der Aufbauten entdecken kann. Im Laufe der Zeit legt die Strömung immer größere Teile der Wrackaufbauten frei. Mittlerweile kann man ziemlich weit unter das Wrack tauchen. Der Laderaum mutet dann an wie eine Höhle. Erfahrene Taucher können sogar bis zur Brücke vordringen.
Außerdem haben wir den Eindruck gewonnen, dass die Neigung des Wracks in den letzten Jahren ständig zugenommen hat und immer noch zunimmt.

Der Rumpf des Schiffes wirkt völlig intakt, sogar der Buganker ist noch an seinem Platz. Anfang der neunziger Jahre war auch noch die Schraube vorhanden. Mittlerweile wurde sie von dänischen Tauchern demontiert und soll Gerüchten zufolge an einem Kümo gleicher Bauart ihren Dienst verrichten.

Flora und Fauna

Das Wrack der *Svendborgsund* ist reichlich mit Seenelken, Seesternen, Miesmuscheln und Strandkrabben bevölkert. Im Bereich der Schraube und am Ruderblatt ist das marine Leben besonders vielfältig. Es ist hier in der Eckernförder Bucht nicht so stark geschädigt wie vor Kiel.

Besondere Merkmale

Wenn man das Wrack der *Svendborgsund* von Damp aus anfährt, muss man unbedingt das Sperrgebiet, das durch gelbe Tonnen gekennzeichnet ist, umfahren. Hält man sich nicht daran, kann es teuer werden! Das Benutzen der Slipanlage muss vorher beim Hafenmeister angemeldet werden.

Der interessante Teil des Wracks liegt, vom Heck aus gesehen, rechts vor Ihnen. Auf dieser Seite befinden sich die Auskolkungen bei den Aufbauten und dem Laderaum. Dass die den Taucher interessierenden Ecken alle direkt über dem Schlammgrund liegen, stellt für Sie und vor allem für die Ihnen folgenden Taucher ein riesiges Problem dar. Kleine Ursache, große Wirkung – im Nu sind die Aussichten für den restlichen Tauchgang trübe geworden. Wenn Sie sich nicht auf bloßes Abtasten des Wracks beschränken wollen, müssen Sie also auf perfekteste Tarierung und extrem vorsichtige Flossenarbeit achten.

Tipps für Fotografen

Um brauchbare Fotos zu bekommen, sollten Sie mit Ihren Tauchpartnern absprechen, dass sie erst nach Ihnen das Wrack erkunden.

Links Ehemaliger Seitengang der *Svendborgsund* – die Welt steht Kopf
Rechts Anker der *Svendborgsund*

Wracktauchen: Mittelgrundwrack

Name	Schiffsname nicht bekannt, genannt »Mittelgrundwrack«
Wrack-Nr.	1374
Position	54° 30.850' N 10° 05.520' E
Schiffstyp	Segler mit Hilfsantrieb
Lage	Eckernförder Bucht (am »Mittelgrund«)
Abfahrt von	Eckernförde
Fahrtzeit	Kutter: 1 h 35 min Schlauchboot: 30 min
Tiefe	Grund 17 m, Oberkante 13 m

Sicherheitshinweis

Bei gutem Wetter durchaus »anfängertauglich«. Nur die allgemein beim Wracktauchen üblichen Sicherheitsvorkehrungen beachten.

Historisches

Der kleine Lastensegler mit einem Hilfsantrieb geriet kurz vor Weihnachten 1914 in einen sehr starken Sturm. Ihm wurden die Takelage zerstört und die Luken zerschlagen. Am Morgen des 24. Dezember 1914 sah man seine Notsignale in Form von Blaufeuer und roten Leuchtkugeln. Anfang des 20. Jahrhunderts dauerte es noch sehr lange, bis eine funktionierende Rettungsket-

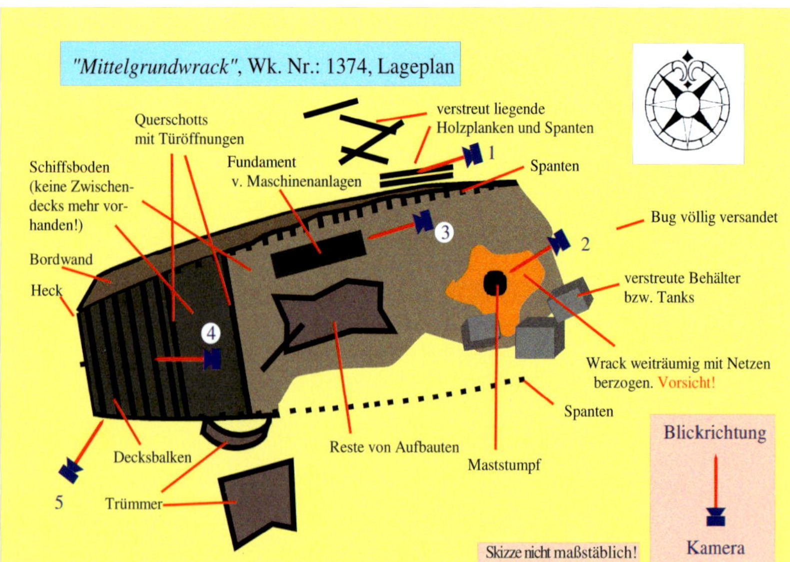

Die Spanten der Mittschiffssektion (1)

te in Gang gesetzt werden konnte. Telefon hatte kaum jemand und so mussten die Beine und schnelles Schuhwerk das Handy ersetzen. So verwundert es nicht, dass das mit 28 PS nicht gerade üppig motorisierte Rettungsboot *Oberinspektor Pfeifer*, von Laboe kommend, erst nach Stunden am Havaristen ankam. Die Besatzung des Mittelgrundwracks hatte inzwischen Korkwesten angelegt und hielt sich an dem sinkenden Schiff fest. Sie wurde in allerletzter Minute aus dem Wasser gezogen, das Schiff versank kurz darauf völlig.

Überblick

Das »Mittelgrundwrack« liegt in der Eckernförder Bucht, nahe einer Untiefe, die dem Wrack auch seinen Namen gegeben hat. Es hat ca. 15° Schlagseite nach Steuerbord. Der Bug weist etwa in Richtung Osten. Außer bei starkem Ostwind kann bei fast jedem Wetter hier getaucht werden. Die geschützte Lage sorgt für moderaten Wellengang. Bei Ostwind verschlechtert sich die Sicht am Wrack, da eine leichte Strömung Schwebeteile aus der Bucht hinausschwemmt.

Name und Herkunft des Wracks sind uns nicht bekannt. Der Bauform nach muss es ein Segler mit einem Hilfsantrieb gewesen sein, eine Schraubenwelle findet sich noch unter dem Spiegel-

Tipps für Fotografen

Hier kann man sich an eindrucksvollen Übersichten versuchen. Die gute Helligkeit hilft dabei. In jüngster Zeit kann man dort wieder häufiger Dorsche beobachten. Sie halten jedoch meistens zu große Distanz, um fotografiert zu werden – die besten Chancen hat man mit einem 105er-Makrotele.

heck des Schiffes. Auf einen Segler lassen weiterhin die großen Mengen von Rundhölzern (Masten und Bäume) schließen, deren Bruchstücke auf dem gesamten Wrack verteilt sind. Auch der Stumpf eines Fockmastes findet sich noch im vorderen Wrackbereich. Im mittleren Bereich des Schiffes liegen Wrackteile, die wie Fundamente von Maschinenanlagen aussehen. Der gesamte Rumpf ist aus Holz in Karweelbauweise gefertigt. Obwohl stark verfallen, hat es einen eigentümlichen Reiz und erinnert an antike Wracks aus dem Mittelmeer mit seinen Reihen von frei stehenden Spanten und vermoderten Planken.

Am besten ist das Heckteil des Wracks erhalten. Vom Achterdeck stehen jedoch nur noch die Decksbalken, die Decksplanken sind völlig verschwunden. Im Inneren des Heckteiles stehen noch die Querschotten mit Durchgängen. Es gibt kein Oberdeck mehr, der Blick nach unten fällt direkt auf die Wegerung oder die Planken des ehemaligen Schiffsbodens.

Das Wrack wird nach vorne hin flacher, um dann regelrecht »im Sande zu verlaufen«. Der Bug des Schiffes fehlt völlig, nur ein paar regelmäßig geformte, große Behälter liegen herum.

Rechte Seite oben Vom Achterdeck stehen nur noch die Spanten (4).
Rechte Seite unten Schraubenwelle und Ruder unter dem Heck (5)
Unten Taucher über dem Mittschiff. Auch dort hat es Netzhaker (2) gegeben.

Flora und Fauna

Der Bewuchs ist nicht sehr stark ausgeprägt, sodass man die Struktur des ehemaligen Schiffskörpers noch gut erahnen kann.

Wracktauchen: Nordland

★★★★ 👁👁👁 🐟🐟🐟🐟 📷📷

Name	Nordland
Wrack-Nr.	35
Position	54° 29.733' N 09° 85.083' E
Schiffstyp	Küstenpanzerschiff
Lage	Eckernförder Bucht
Abfahrt von	Eckernförde
Fahrtzeit	Kutter ab Eckernförde: 1 h Schlauchboot ab Eckernförde: 20 min
Tiefe	Grund 27 m, Oberkante 24 m

Historisches

Die *Nordland* war zunächst ein dänisches Küstenpanzerschiff mit dem Namen *Nils Juel*. Den Dänen diente es als Kadettenschulschiff. Am 29. August 1943 strandete die *Nils Juel* in der Nähe von Nykøbing. Am 1. April 1944 wurde sie von den Deutschen gehoben und repariert.

Unter dem Namen *Nordland* fand sie ab September 1944 Verwendung als Ausbildungsschiff der deutschen Flotte. Am 3. Mai 1945 wurde sie vor Eckernförde auf Reede liegend durch Fliegerbomben versenkt. 1952 wurde das Wrack von einer Bergungsfirma zum größten Teil abgebrochen.

Reste einer Bordwand

Länge	155 m
Verdrängung	3800 t
Höchstfahrt	16 kn
Besatzungsstärke (als Nordland)	170 Mann

Sicherheitshinweis

Die Wassertiefe von 27 m dürfte geübten Tauchern keine Schwierigkeiten bereiten, auch wenn es bei ungünstigen Verhältnissen stockfinster ist. Ein freier Aufstieg ist dann angesagt. Der Umgang mit Trockentauchanzügen sollte geübt sein.

Überblick

Das Wrack befindet sich ziemlich genau an der tiefsten Stelle der Eckernförder Bucht. Der Tauchplatz liegt sehr dicht am Eckernförder Hafen und ist somit leicht, auch mit kleinen Booten, zu erreichen. Die Wassertiefe beträgt hier 27 m. Die *Nordland* ist weitgehend abgewrackt und befindet sich in sehr schlechtem Zustand. Die Überreste sind stark mit Seenelken bewachsen, was zwar einerseits erfreulich ist, aber die Identifizierung einzelner Wrackteile erschwert. Leider liegt das Wrack auf einem »taucherunfreundlichen« Schlammgrund – ein unbedachter Flossenschlag, und man sieht kaum noch etwas. Tauchschulen fahren dieses Wrack manchmal an, um Tieftauchgänge zu trainieren.

Flora und Fauna

Attraktiv wird das Wrack jedoch durch seinen üppigen Bewuchs und seine Tierwelt. Häufig konnte dort schon ein stattlicher Köhler beobachtet werden.

Manche Wrackteile sind schwer zu bestimmen.

Tipps für Fotografen

Am besten tauchen Sie mit einer Makrokamera, Brennweite maximal 60 mm – die zu erwartenden Sichtweiten sind nicht besonders groß. Mit dem Köhler werden Sie vermutlich Pech haben; er ist scheu und lässt Sie maximal 2 m herankommen.

Besondere Merkmale

Die Anfahrt zur Tauchstelle ist unproblematisch. Bei schlechten Sichtbedingungen kann es passieren, dass man die Bojenleine nicht wiederfindet. Bei diesem Wrack sollte man auf die Details achten. Damit sind kleinere Wrackteile, aber vor allem auch das Leben am Wrack gemeint.

Das ehemals dänische Küstenpanzerschiff *Nordland*

Wracktauchen: Betonschute

Name	Schiffsname nicht bekannt, genannt »Betonschute«
Wrack-Nr.	34
Position	54° 29.17’ N 10° 06.18’ E (BSH)
Schiffstyp	antriebslose Schute, Rumpf aus Beton
Lage	Eckernförder Bucht
Abfahrt von	Eckernförde
Fahrtzeit	Kutter: 1 h 10 min Schlauchboot: 20 min
Tiefe	Grund 8 m, Oberkante 2 m

Anfahrt

Dieses Wrack kann auch von Land aus betaucht werden. Direkt neben Surendorf liegt die kleine Gemeinde Eckernholm an der Nebenstraße nach Dänisch Nienhof. Man kann bis zum Strand hinunterfahren und, wenn noch ein Platz frei ist, dort auch par-

Sicherheitshinweis

Für Taucher ist hier über die beim Wracktauchen üblichen Sicherheitsregeln hinaus nichts zu beachten, wohl aber für den Skipper! Das Wrack ragt teilweise bis auf ca. 1,5 m (je nach Wasserstand) unter die Oberfläche auf. Daher besteht für tiefergehende Wasserfahrzeuge eine ernst zu nehmende Gefahr aufzulaufen. Am sichersten fährt man dieses Wrack daher mit einem Schlauchboot an.

Taucherin am Bug

ken. Etwa 500 m bis 800 m vom Strand entfernt liegt eine Wracktonne. Sie kennzeichnet den wunderschönen Tauchplatz. Kurz vor der Tonne liegen die Reste des Wracks.

Der Einstieg erfolgt vom Strand aus. Mit dem Rücken zum DLRG-Haus am Strand sollte man eine direkte Verbindungslinie zur Tonne anpeilen. Der Klotz liegt dann etwa 50 m vor der Tonne.

Egal, wie genau man auch peilt, suchen muss man trotzdem. Denn je nach der Windrichtung dreht sich die Tonne um ihre Verankerung. Mal schwingt sie etwas mehr in Richtung Strand, mal

Der Bewuchs an den stark zerklüfteten Betonwänden des Wracks wird von Braunalgen beherrscht.

weiter in die Bucht hinaus oder auf den Betonklotz zu. Die angegebene Peilung kann deshalb nur einen Anhaltspunkt bieten.

Überblick

Die »Betonschute« liegt in der Eckernförder Bucht, in direkter Ufernähe neben der Gefahrentonne. Zumindest am Bug steht sie auf ebenem Kiel, ist aber in mehrere Teile zerbrochen. Die restlichen Trümmer lassen sich nur schwer zuordnen. Der Bug weist etwa in Richtung Westen und ist an einer dort angebrachten Schleppöse zu erkennen. Wie bei einer Schute üblich, besaß das Schiff keinen eigenen Antrieb, sondern wurde ausschließlich im Schlepp bewegt. Das Wrack besteht tatsächlich aus Beton. Diese Schiffsbauweise wurde vor allem in der rohstoffarmen Nachkriegszeit eingesetzt. Auch heute werden kleinere Wasserfahrzeuge und sogar einige Yachten in »Ferrozement« hergestellt.

Die maximale Wassertiefe am Wrack beträgt 8 m. Die »Betonschute« liegt gut geschützt unter Land und kann, mit Ausnahme von starkem Ostwind, bei nahezu jedem Wetter betaucht werden.

Dem Unterwasserfotografen bieten die Trümmer der »Betonschute« ein ergiebiges Betätigungsfeld.

Schon in 9 m Wassertiefe ist der Sandgrund. Links im Bild die Überreste einer Bordwand.

Bei Ostwind und bei besonders starken Winden aus Nord, Nordwest und Nordost wird die Unterwassersicht ziemlich schlecht, da das Wrack schon sehr nahe an der Brandungszone liegt.

Flora und Fauna

Der Bewuchs an der »Betonschute« unterscheidet sich stark von dem der restlichen Wracks in der Ostsee.
Sie werden vor allem Braunalgen, aber auch Seenelken finden. Der Wrackbewuchs der tieferen Ostsee mischt sich hier in einzigartiger Weise mit dem des Flachwassers.

Besondere Merkmale

Achten Sie besonders auf die eigentümliche Vegetation. Bei eingehender Betrachtung ist dieses Wrack mehr als nur eine »Notlösung« für Tauchtage, an denen die Wetterlage größere Ausfahrten verhindert, und wegen der geringen Wassertiefe ist es sehr gut geeignet, um erste Erfahrungen beim Wracktauchen zu sammeln.

Tipps für Fotografen

Im Winter und im Frühjahr kann man hier Seehasen antreffen und aus nächster Nähe fotografieren.

Tipps für Taucher

Service

Im Tauchcenter Eckernförde sind die Ansprechpartner Rolf »Rolli« Christoleit und Bernd »Döppi« Döppenbecker.
Ihr Tauchshop ist zwischen Mai und September auch an Sonn- und Feiertagen zwischen 10 und 12 Uhr geöffnet. In der Woche ist von 15 bis 18 Uhr, an Samstagen von 10 bis 13 Uhr geöffnet. Füllungen gibt es während der normalen Öffnungszeiten oder nach Absprache.

Ausbildung

Sie betreiben eine PADI-Tauchschule und stehen als Master-Diver und Führer für Exkursionen zur Verfügung. Leihausrüstungen sind vorhanden.

Unterkunft

Bei Bedarf werden auch Unterkünfte vermittelt.

Adresse

Tauchcenter Eckernförde, Rolf Christoleit, Bernd Döppenbecker, Jungfernstieg 69, 24340 Eckernförde, Tel.: 04351-5664, Fax: 04351-5451, Website: *www.tauchcenter-eckernfoerde.de*

Ausfahrten

Während der Sommermonate liegt im nahen Ostseebad Damp die *Bubblewatcher II* von Peter Klink am Steg. Er arbeitet eng mit dem Tauchcenter Eckernförde zusammen und führt von Damp aus Tauchfahrten und Tauchschulungen durch. Das Schiff ist im April 1995 zu Wasser gelassen worden.
Die *Bubblewatcher II* ist eine Stahlyacht mit sechs Schlafplätzen, 12 m lang und 3,8 m breit. An Bord sind Kombüse, Toilette und Dusche und es steht ein Kompressor zur Verfügung. Das Boot besitzt eine speziell für Taucher verlängerte Badeplattform.
Angeboten werden Nachttauchgänge, Tagesfahrten, Wochenendtrips und verlängerte Wochenendfahrten. Auf Wunsch kann aber auch länger gebucht werden – etwa ein Törn von sieben Tagen zu den schönsten Wracks der westlichen Ostsee.

Die Plattform am Ende des Trümmergeländes liegt nur wenige Meter unter der Wasseroberfläche (WTD 71).

Ausbildung

Von Bord der *Bubblewatcher II* werden regelmäßig Spezialkurse wie Boots-, Wrack-, Tief – und Scootertauchen durchgeführt. Gebucht wird über das Tauchcenter Eckernförde oder direkt bei Raffaela Klink, Tel.: 04355-98 97 37 oder 0171-777 48 08.
www.bubblewatcher.de

In Kappeln liegt der Kutter *Wiking*.
H. Szameitat, Olpenitzer Dorfstraße 11, 24376 Kappeln
www.wiking-kappeln.de
E-Mail: wiking-kappeln@t-online.de

In Maasholm hat der *Sturmvogel* seinen Liegeplatz. Der Tauchkutter ist mit acht Kojen, Dusche, Kombüse und Stromversorgung ausgestattet.
Bleckys Tauchservice, Rosmarinstraße 26, 22047 Hamburg,
Tel.: 040-695 55 94
www.bleckys-tauchservice.de
E-Mail: info@bleckys-tauchservice.de

oder direkt bei
Otto Jürs, Haiskoppelweg 35c, 21465 Reinbeck
Tel.: 040-711 00 71
E-Mail: ms-sturmvogel@otto-taucherbedarf.de

Kieler Bucht und Kieler Förde

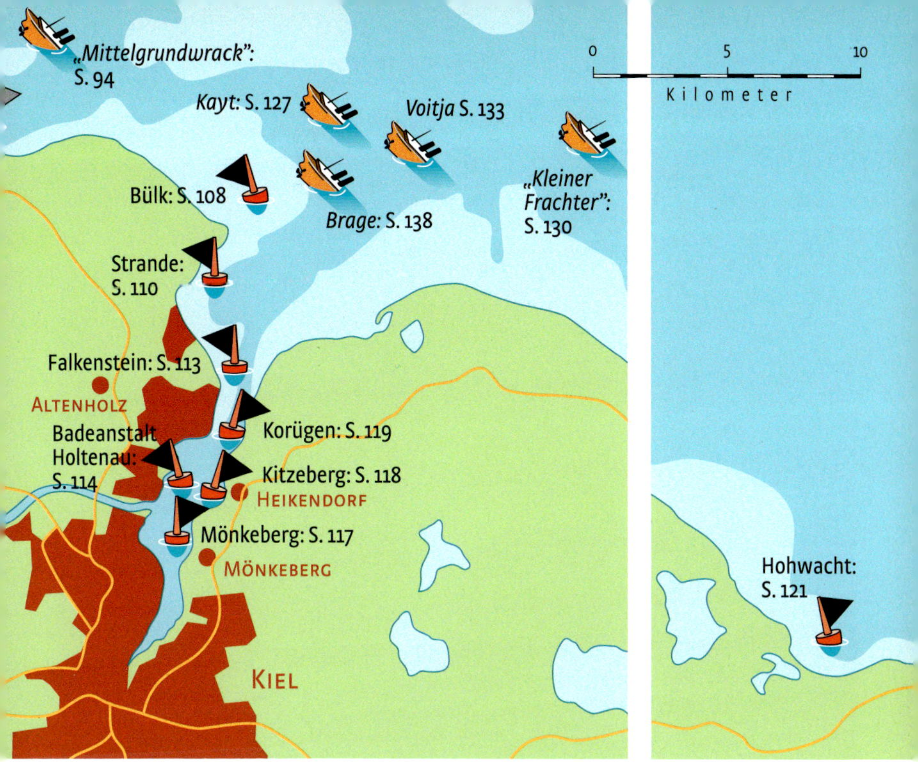

Die Eckernförder Bucht geht etwa auf der Höhe von Dänisch Nienhof über in die weite Kieler Bucht mit herrlichen Sandstränden zu beiden Seiten der Kieler Förde.

Blick auf die Schleusen Kiel-Holtenau vom Nord-Ostsee-Kanal in die Kieler Förde

Mit dem Leuchtturm im Rücken lohnt sich ein Tauchgang von den Wellenbrechern aus im Flachwasserbereich um 5 m.

Tauchgebiet Bülk

Anfahrt

Zu erreichen ist der Bülker Leuchtturm von Strande aus über eine kleine Teerstraße. Ganz am Ende der Straße liegt vor dem Kieler Klärwerk ein Parkplatz am Strand.

Das Klärwerk hatte früher einen schlechten Ruf, wurden doch die Kieler Abwässer von hier aus in die Ostsee geleitet. Diese Zeiten sind aber längst vorbei. Aus den Rohren nördlich des Leuchtturms fließt zwar immer noch eine warme braune »Brühe«, diese ist jedoch weitgehend »schadstofffrei«.

Obwohl sich dank dieses nährstoffreichen Zuflusses am Ende der Rohre ein vielfältiges biologisches Leben etabliert hat, sollten Taucher diesen direkten Einflussbereich meiden. Vor den Rohren ist das Tauchen ohnehin verboten. Heute ist die Bucht seitlich des Klärwerks ein beliebtes Bade- und Surfgebiet mit erstaunlich klarem Wasser. Die Ostsee hat hier in einem weiten Bogen um den Leuchtturm nur noch eine Tiefe um 3 m.

Einstieg

Getaucht wird vom Strand aus mit dem Leuchtturm im Rücken bei einer groben Peilung von 140°. Der Untergrund ist hier nach Ansicht vieler Taucher »einfach traumhaft schön«. Das ganze Gebiet ist – wie viele Stellen in diesem Küstenbereich – eine eiszeitliche Endmoränenlandschaft. Das heißt, große Steine liegen auf dem tonigen Grund verstreut.

Der Boden ist im Laufe der Jahrtausende an vielen Stellen bizarr ausgewaschen worden. Verstreut zwischen den Steinen finden Taucher immer wieder die Reste von dicken Baumstämmen. Einige wollen hier auch schon Versteinerungen gefunden haben.

Flora und Fauna

Bülk ist ein Revier zum Entspannen bei einem gemächlichen Tauchgang. Wer hier taucht, sollte sich einen schön bewachsenen Stein suchen und kurz über dem Boden austarieren. Bei genauerem Hinsehen entdeckt er dann die ganze Vielfalt des hier siedelnden Lebens.

Links vom Leuchtturm erstrecken sich sehr schöne Seegraswiesen, unterbrochen von vielen freien Sandstellen, in einer Tiefe bis maximal 5 m. Da das Wasser strömungsbedingt sehr sauber ist, halten sich hier gerne größere Exemplare der Nacktschnecken auf. Die Strömung ist allerdings so seicht, dass auch Anfänger beruhigt ins Wasser können.

Der Bülker Leuchtturm

Im Hintergrund rechts der Parkplatz. Deutlich sichtbar der Strand mit der Abbruchkante im Wasser. Auf der linken Seite die Steinmole des Olympiahafens mit dem Ausfluss des Fuhlensees. Tauchen sollte man vom Strand aus in Richtung auf die Mole, an der Mole entlang und dann quer durch das Becken in Richtung auf die Segelhafenmole.

Tauchgebiet Strande

Ihre ersten Tauchversuche machen Kieler Tauchschüler meist in der Strander Bucht vom Strand aus.

Anfahrt

Über die Bundesstraße 503 fährt man von Kiel aus in Richtung Olympiazentrum. Gleich hinter dem Kieler Segelzentrum geht es rechts nach Strande ab.

Noch bevor der eigentliche Ort Strande kommt, liegt auf der rechten Seite der Segelclub mit einem öffentlichen Parkplatz. Im Sommer ist es ratsam, sich am Automaten einen Parkschein zu ziehen, denn der Ortspolizist und die Gemeinde selbst kontrollieren den Platz mehrmals täglich.

Ein Weg über den Deich führt zum Strand. Rechts liegt die Außenmauer des Olympiahafens von Schilksee, zur Linken der Strander Bootshafen. Die Beton-Außenmole des Olympiahafens ist der Ausfluss des Fuhlensees auf der anderen Seite der Bundesstraße. Wenn der Wasserpegel im See bei anhaltendem Regen zu hoch steigt, dient er als Überlauf.

In Strande entdeckt man in der Abenddämmerung oft Aale zwischen den Steinen der Mole.

Hat es viel geregnet, kann man das Tauchen in der Bucht vergessen. Dann ist die Sicht wegen des trüben Fuhlensee-Wassers gleich null und man muss froh sein, wenn man die Flossen des Vordermannes überhaupt noch sieht. Dafür lockt das Süßwasser des Fuhlensee-Ausflusses bei freundlicher Wetterlage und dann auch relativ guter Sicht viele große Barsche an.

Einstieg

Getaucht wird in der Regel vom Strand in der Nähe der rechten Außenmauer aus mit einer Peilung von etwa 30° in die Mitte der Bucht. Der Strand fällt zunächst flach ab. Erster Orientierungspunkt ist dann die Außenkante zum »Großen Loch« in der Mitte der Bucht mit einer Tiefe von bis zu 7 m. Am Rand des Lochs entlang geht es zur Außenmauer des Olympiahafens. Große Steine sollen die Spundwand vor den Brechern bei Sturm schützen. Zum Teil kann man bis an die Spundwand herantauchen. Der Zahn der Zeit hat längst an dieser Spundwand genagt. Durch Rissse und Spalten kann man an vielen Stellen in den Hafen hineinsehen. Bei entsprechendem Sonnenstand ein herrlicher Blick!
Von der Spitze der Steine taucht man in genau nördlicher Peilung dann durch das »Große Loch« auf den Eingang des Strander

Blick vom Strand auf den Segelhafen. Eine Gruppe von Tauchern ist gerade am Einstiegsplatz.

Man kann bis an die von Rost zerfressene Spundwand herantauchen.

Segelhafens zu. Man kann auch weiter an den Steinen entlang der Außenmole tauchen. Dort halten sich meist viele Jungfische auf.

Flora und Fauna

Im Frühjahr ist die Bucht ein beliebter Tummelplatz für junge Heringe. Plattfische buddeln sich gerne in den sauberen Sandboden zwischen den Muschelbänken ein. Alles in allem bietet die Strander Bucht zwar nichts Spektakuläres, dafür aber einen schönen gefahrlosen Tauchgang.

Sehr zu empfehlen ist die Bucht für einen Nachttauchgang im Spätherbst. Hinterher kann man noch durch den früheren Fischerort Strande bummeln und in einer der vielen Kneipen einkehren. Die Strander Schollen mit Speck sind eine Legende, ebenso wie die frischen Fischbrötchen von der Strandbude.

In der Strander Bucht ist das Tauchen gefahrlos und entspannend.

Tauchgebiet Falkenstein

Das Tauchgebiet erstreckt sich zwischen dem Dampferanleger im Vordergrund bis zum Leuchtturm, der die engste Stelle in der Förde markiert. Deutlich sichtbar ist die Abbruchkante am Rande der Fahrrinne.

Anfahrt

Einer der längsten und weitesten Strände an der Kieler Förde ist der Strand von Falkenstein zwischen Friedrichsort und Schilksee. In Friedrichsort biegt man ab in die Straße Brauner Berg und fährt Richtung Falkenstein bis zum Strand. Getaucht werden kann zu beiden Seiten des Anlegestegs der Fördedampfer bis zum Campingplatz auf der linken und dem Leuchtturm auf der rechten Seite.

Links vom Anleger soll noch bei etwa 9 m das Wrack eines gesunkenen Fischkutters liegen. So genau aber weiß das niemand. Auch hier zeigt sich ein schöner Bewuchs, gibt es die großen Endmoränenbrocken und Baumstämme mit der entsprechenden Vegetation.

Flora und Fauna

In diesem Teil der Bucht tummeln sich Dorsch und Hering (Saison April/Mai) und Seenadeln zwischen den Jungfischen an den bewachsenen Steinen und im Seetang.

Sicherheitshinweis

Vorsicht in direkter Nähe des Anlegers! Dort ist Baden und Tauchen verboten! In der Bucht bis zum Leuchtturm taucht man am Rand der Fahrrinne. Von hier aus geht es sehr steil auf 12 m ab.

Das Tauchgebiet erstreckt sich zwischen dem Dampferanleger im Vordergrund bis zum Leuchtturm, der die engste Stelle in der Förde markiert. Deutlich sichtbar ist die Abbruchkante am Rande der Fahrrinne.

Tauchgebiet Badeanstalt Holtenau

Von Kiel aus kann man über den Stadtteil Holtenau bis zum alten Leuchtturm direkt am Eingang zum Nord-Ostsee-Kanal fahren. Kurz vor dem Ende der Straße führt eine Sackgasse zwischen der befestigten Uferkante und dem Zaun des Marinegeländes nach links zur alten Seebadeanstalt Holtenau. Für Busse besteht hier keine Wendemöglichkeit. Die Badeanstalt ist seit Jahren aus Sicherheitsgründen geschlossen, weil die Pfahlkonstruktion vermodert ist. Das hält die Holtenauer dennoch nicht davon ab, sich hier wie anno dazumal den Badefreuden hinzugeben.

Das Tauchgebiet rechts vom Fähranleger bis zum Leuchtturm

Sicht und Tiefe
Bei einer Tiefe zwischen 3 m und 5 m ist das Wasser meist sehr klar. Man sollte sich jedoch möglichst weit vom Anleger des Schleppers halten. Erst wenn man ein wenig rausschwimmt, kommt man auf rund 9 m.

Flora und Fauna
In dem schönen Bewuchs tummeln sich zahlreiche Fische, vor allem Schollen. Am schönsten ist es hier, wenn die Sonne am späten Vormittag durch die Pfeiler der Badeanstalt bis auf den Grund scheint. Zu empfehlen ist ein Tauchgang, der zunächst bis zu den Resten der rechten Spundwand führt, dann quer zur nächsten Spundwand und zurück unter der Badeanstalt hindurch.
Ein besonderes Augenmerk sollte man dem Schlepper am Anleger rechts von der rechten Spundwand schenken. Wenn der Kapitän Taucher sieht, wagt er nicht anzulegen. In gebührendem Abstand wartet er – auf die von ihm sofort alarmierte Wasserschutzpolizei. Deshalb sollte man dem Schlepper aus dem Weg gehen bzw. ihm Handzeichen geben, dass man in Richtung auf die gegenüberliegende Spundwand zu tauchen gedenkt. Diese kleine Geste erspart einem unnötigen Ärger. In der Regel sind die Schlepper-

Sicherheitshinweis

Keinesfalls direkt vor dem Leuchtturm tauchen – hier fahren die »großen Pötte«. Achtung: starke Schraubengeräusche! Wer vor dem Leuchtturm taucht, bekommt sofort Ärger mit der Wasserschutzpolizei.

Zwischen Schlepper und dem Werkshafen des Wasser- und Schifffahrtsamtes liegt die mittlerweile geschlossene alte Seebadeanstalt Holtenau. Deutlich erkennbar ist die große Spundwand vor der Einfahrt zum Hafen.

Um Ärger zu vermeiden, sollte man auf den Schlepper rechts von der Spundwand achten.

kapitäne den Tauchern gegenüber sehr entgegenkommend. Bei vernünftigen Absprachen kann es durchaus auch mal sein, dass Taucher als Gegenleistung für eine Schiffsinspektion unter Wasser zu einem Kaffee an Bord eingeladen werden.
Am Ostufer der Kieler Binnenförde empfiehlt sich das Tauchrevier vor dem Strand von Mönkeberg.

Wenn das Sonnenlicht zwischen den Pfählen der Badeanstalt den Boden beleuchtet, kann man hie und da Schollen entdecken.

An der Spundwand

Tauchgebiet Mönkeberg

Der Einstiegsplatz ist rechts vom Anleger. Dann taucht man unter dem Anleger hindurch auf die Landspitze zu.

Anfahrt

Der Tauchplatz ist gut erreichbar durch die Ortschaft Mönkeberg. Die Straße führt bis zum Strand und endet dort in einem Parkplatz. Mönkeberg ist kein populärer Badestrand und erhebt auch keinen Anspruch darauf – deshalb hat man eigentlich immer die Aussicht auf einen Parkplatz, es sei denn, die Segler haben schon alles belegt. Für Busgruppen ist der Parkplatz allerdings zu klein.

Das Tauchgebiet erstreckt sich zwischen dem Heizkraftwerk und dem Dampferanleger gleichen Namens für die Fördeschiffe. Hier lag bis Ende des Krieges der Ölpier, an dem die Schiffe neues Öl bunkerten und altes entsorgten. Dieser Pier wurde – wie viele – nach dem Krieg gesprengt.

Flora und Fauna

Die Trümmer sind heute dicht bewachsen und ziehen allerlei Getier an, das sich zwischen den Steinen versteckt. Wer sorgfältig schaut, wird einige sehr schöne und große Exemplare der Seenelke entdecken können.

Einstieg

Der Einstieg liegt am Strand gleich rechts neben dem Dampferanleger. Zunächst taucht man am Anleger entlang und dann hindurch in Richtung auf die Tonne (Peilung 245°).

Der Tauchplatz liegt etwa 300 m vom Anleger entfernt. Bis zur deutlich sichtbaren roten Fahrrinnentonne muss man schon schnorcheln. Die tiefste Stelle liegt hier bei 14 m.
Der Strand links vom Anleger ist mittlerweile durch einen Zaun versperrt. Zusätzliche Orientierungshilfe bietet eine alte Stahltrosse am Boden, die sich von der Kaispitze bis zu den Trümmern erstreckt. Allerdings:

Sicherheitshinweis

Hände weg von den dort noch immer lagernden Munitionsresten!

Tauchgebiet Kitzeberg

Ein »kleiner Abenteuertauchplatz für Anfänger« sind die Reste der alten Betonschute, die nur knapp 70 m vom Ufer am Strand von Kitzeberg in bis zu 7 m Tiefe liegen. Bei Flachwasser ragen noch Teile des Betonsockels aus dem Wasser.

Anfahrt

Kitzeberg am Ostufer der Förde erreicht man über die Bundesstraße nach Laboe. Gleich hinter dem Golfplatz biegt man in einer scharfen Kurve nach links vom Heikendorfer Weg in den Detlefskamp ein. Als Schönkamp führt er dann bis zum Strand hinunter.

Unten links Auf der Rückseite der Schute können auch Anfänger gefahrlos bis in den Laderaum hineintauchen.
Unten rechts Auf den ersten Blick erscheinen die Reste der Betonschute wie ein dicht bewachsener Brocken.

Einstieg

Der mit einer Gefahrentonne gekennzeichnete Tauchplatz liegt links neben dem Anleger für die Fördeschifffahrt. Parken kann man kostenlos direkt am kleinen (steinigen) Strand an der Straße Uhlenholt. Neben dem Fähranleger gibt es ein kleines Lokal für Pizza, Kaffee und Bier nach dem Tauchen.

Teile der kleinen Betonschute reichen bis kurz unter die Wasseroberfläche.

Flora und Fauna

Die Reste der Schute sind dicht bewachsen. Miesmuscheln finden hier reichlich Nahrung. Vereinzelt trifft man auf Lachse, Plattfische und die immer seltener werdenden Aale.
Kurz nach dem Krieg versenkten hier die Schrottfischer all das, was sie wirklich nicht mehr gebrauchen konnten: eben Schrott jeder Art. Obwohl noch viel davon am Boden liegt, können auch Anfänger hier gefahrlos tauchen und an den Betonresten »herumklettern«. Halb im Schlick verschwunden liegen dicht an der Schute noch die Reste einer alten Ankerkette.

Sicherheitshinweis

Über die Wracktonne hinaus sollte man nicht tauchen. Der Boden fällt hier ziemlich steil auf 10 m ab zur Fahrrinne für die Hafendampfer. Wer vom Schlauchboot aus hier taucht, sollte das Boot unbedingt mit der Taucherflagge kennzeichnen, denn sonst rufen die Kapitäne der Hafendampfer sofort über Funk die Wasserschutzpolizei. Alles in allem ist Kitzeberg ein von Kiel aus leicht erreichbarer Tauchplatz, der sich besonders für Anfänger eignet, empfehlenswert bei Ostwind im Frühjahr und Herbst. Im Sommer trüben hier Algen die Sicht auf Flossenlänge.

Tauchgebiet Korügen

Nur den berühmten »Katzensprung« entfernt liegt das Familienbad Möltenort, bekannt durch das U-Boot-Ehrenmal. Zwischen dem beliebten Strand und dem Campingplatz zur Rechten befindet sich das Tauchrevier Korügen.

Anfahrt

Zu erreichen ist Korügen am einfachsten über die Bundesstraße 502 durch den Nachbarort Heikendorf. Gleich hinter dem Ort biegt

Vor dem blau gedeckten Haus befindet sich die Liege- und Picknickwiese. Davor ist vom Strand aus ein bequemer Einstieg möglich. Erkennbar ist im Flachwasserbereich die Abbruchkante mit den Resten eines alten Steges.

man links in Richtung U-Boot-Ehrenmal ab. Über das Gewerbegebiet führt eine Teerstraße bis zur Buskurve. Hier biegt man rechts ab in Richtung Campingplatz. Parken direkt am Strand ist nicht möglich, und hier wird auch regelmäßig kontrolliert. Daher ist es ratsam, seine Ausrüstung am Strand abzuladen und den Wagen dann weiter oben im Buswendehammer oder auf dem neu eingerichteten öffentlichen Parkplatz abzustellen.

Das Tauchgebiet erstreckt sich vom Strand bis auf die Höhe des Campingplatzes. Zunächst fällt der Strand hier auf 2 m ab, dann kommt eine scharfe Abbruchkante mit 5 m bis 6 m nach einem Seegrasfeld. Von hier aus fällt das Gelände dann gemächlich auf 9 m bis 10 m ab.

Einstieg

Der Einstieg erfolgt von unterhalb der Parkbank auf einer Freifläche gleich neben dem Strand. Zunächst sollte man in Peilung auf den gegenüberliegenden Leuchtturm zu tauchen, dann etwa 90° nach rechts abknicken in Richtung auf die rote Fahrwassertonne zu. Jetzt taucht man parallel zum Ufer. Nach einem erneuten 90°-Knick taucht man auf das Ufer zu und dann entlang der Aufschüttung bis zum Ausgangspunkt.

Unterhalb des abgesperrten Geländes ragen große Trümmer in

das Wasser. Sie stammen von der Aufschüttung des Geländes und einem zerstörten Anleger, der sich einst hier an der Spitze befand. Diese Betonklötze vermitteln bei entsprechendem Sonnenlicht einen bizarren Eindruck. Im Laufe der Jahre sind die Pfeiler schön bewachsen. Das Tauchen gilt hier als sehr entspannend und angenehm.

Flora und Fauna

Inmitten der großen Algenstränge tummeln sich oft Butt, Heringe und Wittlinge. In alten Autoreifen weit rechts am Grund »nisten« gerne Seehasen.

Tauchgebiet Hohwacht

Östlich der Kieler Förde in Richtung Fehmarn liegt die Hohwachter Bucht, ein sehr flaches Revier mit vereinzelt schön bewachsenen Steinen und gutem Fischbestand am Rande des als Sperrgebiet ausgewiesenen Schießplatzes der Bundeswehr in Todendorf. Die Bundeswehr schießt hier mit Luftabwehrgeschützen auf geschleppte Ziele über der See.

Anfahrt

Zu erreichen ist die Basis auf der Landstraße von Lütjenburg nach Hohwacht. Im Ort selbst folgt man der Hauptstraße bis zu einem Rondell am Ende der Straße. Die Basis liegt dann nur noch 50 m vom Strand.

Flora und Fauna

Die Hohwachter Bucht ist ein ideales Revier für Anfänger, denn alles spielt sich hier im Bereich bis 6 m ab. Getaucht wird meist vom Strand aus. Wie überall in diesem Küstenabschnitt dominieren die Seegraswiesen. Dazwischen verstreut liegen jede Menge Felsen und Muschelbänke. Zu sehen gibt es Plattfisch, Dorsch, vereinzelt auch Lachs. Mehr in Richtung Sehlendorf und Steilküste liegt eine kleine Senke. Hier findet man die Reste einer alten Holzbrücke in ca. 12 m Tiefe. Mit dem Schlauchboot ist die Strecke in knapp fünf Minuten zu bewältigen. Weil das Revier sehr flach ist, bietet sich die Hohwachter Bucht für Nachttauchgänge und Orientierungstauchgänge an.

Wracktauchen: Sten Trans

★ ★ ★

Name	Sten Trans auch als »Der Saugbagger« bekannt
Wrack-Nr.	1158
Position	54° 37.530' N 10° 25.410' E
Schiffstyp	erst Frachter, später Saugbagger
Lage	zwischen Kiel und Langeland
Abfahrt von	Marina Wendtorf, Kiel Holtenau, Bagenkop (auf Langeland)
Fahrtzeit	Kutter ab Marina Wendtorf: 1 h 45 min Kutter ab Kiel Holtenau: 2 h 15 min Kutter ab Bagenkop: 1 h 30 min
Tiefe	Grund 21 m, Oberkante 7 m

Historisches

Die *Sten Trans* wurde im Januar 1967 als *Petro King* in Budapest, Ungarn, vom Stapel gelassen. Sie fuhr zunächst als Frachtschiff für ein Unternehmen in Norwegen. 1972 änderte sich der Name in *Soknasund*. Mit dem Verkauf im Dezember 1972 an Bent Rohde Nielsen in Kalundborg, Dänemark, wurde das Schiff zum Saugbagger umgebaut, zunächst mit dem Namen *Morten Trans*. Im September 1974 wurde sie zur *Sten Trans* umbenannt.

Verdrängung	1231 BRT
Länge	ca. 65 m

Die spätere *Sten Trans* in Arhus im Januar 1973 als Saugbagger mit dem Namen *Morten Trans*

Am 13. März 1975 war das dänische Arbeitsschiff *Sten Trans* der Reederei Transline von Samsö in Dänemark nach Kiel mit einer Kiesladung unterwegs. Zwischen der Südspitze von Langeland und der Kieler Förde geriet es in einen schweren Sturm, wobei die Ladung verrutschte. Eine schwere See brach kurz vor 4 h morgens über das Schiff. Innerhalb weniger Minuten hatte die *Sten Trans* 30° Schlagseite nach Backbord. Sehr schnell ging die Neigung auf 50°, und ein Seenotruf wurde abgesetzt. Der Seenotrettungskreuzer *Theodor Heuss* machte sich auf den Weg, um die Menschen an Bord der *Sten Trans* zu retten. Zwölf Mann der fünfzehnköpfigen Mannschaft hatten die *Sten Trans* inzwischen verlassen und Schutz in einer Rettungsinsel gesucht, als die *Theodor Heuss* gegen 5.15 h eintraf. Es dauerte nur 15 Minuten, bis Seeleute und Rettungsinsel an Bord genommen waren. Der Kapitän und die zwei Steuerleute, die sich noch auf der *Sten Trans* befanden, wurden von einem »Sea King«-Hubschrauber der Seenotrettungsstaffel von Bord geholt. Um 6.31 h kenterte das Schiff und sank.

Tipps für Fotografen

Die Sten Trans *ist ein Paradies für UW-Fotografen. Das Wrack bietet ideale Voraussetzungen für die Wrack- und Modellfotografie. Ebenso lohnend sind Makroaufnahmen, da an diesem Wrack besonders vielfältige Lebensformen vorkommen.*

Überblick

Die nur 21 m tief liegende *Sten Trans* sollte ursprünglich gehoben werden. Dass dies nicht geschah, werden die Taucher der Reederei sicher danken, denn die *Sten Trans*, eher als »Saugbagger« bekannt, zählt zu den attraktivsten Wracks der westlichen Ostsee. Der Zustand ist noch sehr gut, es wurde nichts gesprengt und wenig abmontiert. Die riesigen Laderäume können problemlos betaucht werden. Man kann auch einen Blick ins Innere der Brücke werfen. Der Eingang zur Brücke ist auf der Steuerbordseite, jetzt also von oben zu erreichen. Versuchen Sie nicht, sich durch die Fenster zu quetschen, es ist zu eng und schädigt den Bewuchs des Wracks. Der Zugang in den Pumpenraum, in dem auch die Schlauchlast aufbewahrt wurde, ist mit einem gewissen Risiko möglich, aber nicht unbedingt lohnend. Bis auf eine schmierige Ölblase, nach der Ihr Anzug noch tagelang stinken würde, und ein paar alte Schläuche ist dort nichts zu entdecken. Das gilt auch für den Maschinenraum. Es lohnt sich in jedem Fall, außen an den Aufbauten zu »bummeln« und Eindrücke zu sammeln. In der Nähe der Laderäume finden Sie noch einige Winschen und ein komplettes Sauggeschirr. Am Wrack der *Sten Trans* sollten Sie sich Zeit lassen. Auch in Anbetracht der langen Anfahrt ist es ratsam, einen ganzen Tauchtag zu verbringen.

Die Schraube der *Sten Trans* steht zum Gedenken an die Rettungsaktion in Laboe.

Flora und Fauna

Die ungeschützte Lage zwischen Langeland und Kiel wirkt sich vorteilhaft auf den Bewuchs aus. Es findet ein reger Wasseraustausch statt, und das Wrack verfügt daher über ein besonders reichhaltiges marines Leben. Am Boden der Laderäume können Sie große Kolonien von Seescheiden entdecken.

Besondere Merkmale

Biologisch Interessierte sollten auch zwischen den Aufbauten, besonders in der Nähe der Laderäume, die Augen offen halten. Sehr häufig findet man hier Lebewesen, die eigentlich in ein anderes Seegebiet gehören, wie zum Beispiel einen Gast aus dem Kattegat, die Vierbärtelige Seequappe. Sie ist ein Vertreter der Dorschfamilie und die einzige Seequappenart, die weit in die Ostsee vordringt. Üblicherweise ist sie ein Bewohner der Weichbodenregionen.

Manchmal entdeckt man auch den bodenlebenden Nordischen Seeskorpion, einen gefräßigen Räuber, der der Umgebung in der Regel farblich gut angepasst ist und so regungslos auf Beute lauert. Er ist entfernt mit den Drachenköpfen verwandt, besitzt jedoch keine giftigen Flossenstrahlen auf dem Rücken.

Da es in diesem Gebiet keinerlei Landabdeckung gibt, ist eine gute und stabile Wetterlage die wichtigste Voraussetzung zum Betauchen der *Sten Trans*. Häufig entstehen hier draußen starke Strömungen, die auch unerwartet die Richtung ändern können. Der Taucher muss dann zwischen den Aufbauten Deckung suchen, was aber meist ohne Schwierigkeiten möglich ist. Ein weiteres Problem ist der oft sehr heftige Wellengang.

Rechte Seite oben Die Vierbärtelige Seequappe ist ein Vertreter der Dorschfamilie und die einzige Seequappenart, die weit in die Ostsee vordringt.
Rechte Seite unten Nordischer Seeskorpion, meist auf der Lauer nach Beute
Links Blick aus der Brücke
Rechts Der Eingang zur Unterwelt. Im Innenraum befinden sich das frühere Sauggeschirr sowie etliche Tampen und Trossen.

Wracktauchen: Kayt

Name	Kayt
Wrack-Nr.	657
Position	54° 29.360’N 10° 15.920’ E
Schiffstyp	Wachboot
Lage	Kieler Förde, Nähe Leuchtturm Kiel
Abfahrt von	Kiel, Marina Wendtorf
Fahrtzeit	Kutter ab Kiel: 1 h 20 min Kutter ab Marina Wendtorf: 50 min
Tiefe	Grund 20 m, Oberkante 16 m

Überblick

Das Wrack des hölzernen ehemaligen Wachbootes *Kayt* liegt unweit des Leuchtturms von Kiel in 20 m Wassertiefe. Bedingt durch die unmittelbare Nähe der Schifffahrtsstraße wird es manchmal recht laut unter Wasser, vor allem, wenn sich eine der gewaltigen Fähren ihren Weg nach Kiel bahnt.

Das Wrack liegt schon zu weit vor der Küste, um noch von einer direkten Landabdeckung sprechen zu können. Trotzdem wirkt sich auch hier ein Ostwind wesentlich ungemütlicher aus als alle anderen Windrichtungen.

Die *Kayt* ist in keinem guten Zustand erhalten. Der Bug ist vertikal in zwei Hälften geteilt, vom Heck steht nur noch die Steuerbordseite. Die Mittschiffssektion liegt völlig flach. Offenbar hat die

Sicherheitshinweis

Das Wrack der Kayt *liegt nahe an der Fahrrinne von Kiel. Es ist daher darauf zu achten, dass weder Taucher noch Schiff in Richtung auf das Fahrwasser abtreiben. Taucher müssen bei Beendigung des Tauchgangs unbedingt an der Bojenleine auftauchen, auch wenn bei diesem Wrack nicht mit übermäßig starker Strömung gerechnet werden muss. Unerfahrene Taucher sollten nur von ostseeerfahrenen Tauchern begleitet und auf die beunruhigenden Schiffsgeräusche vorbereitet werden.*

Taucher hinter den Spanten im Heckbereich der Kayt (4)
Linke Seite An der riesigen Winsch (oben)
Im Seitengang auf der Steuerbordseite (unten)

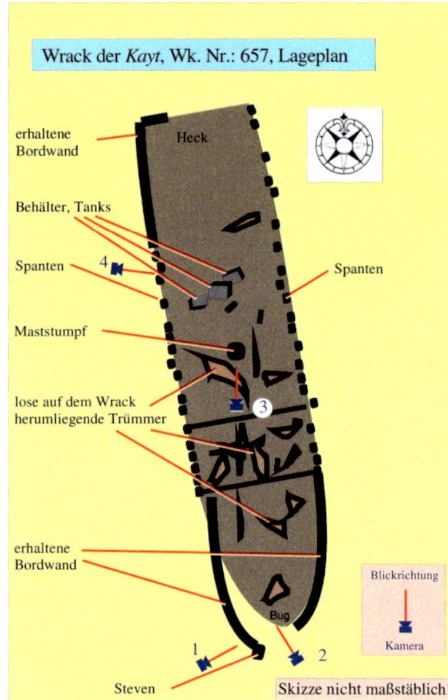

Der Bug ist vertikal gespalten, das Wrack steht auf ebenem Kiel (2).
Rechte Seite oben Die Mittschiffssektion liegt völlig flach (3).
Rechte Seite unten Der Steven ist von Netzen überzogen (1).

Kayt an dieser Stelle ihren Minentreffer bekommen, wahrscheinlich wurde sie anschließend, bedingt durch ihre Nähe zum Fahrwasser, noch gesprengt.

Flora und Fauna

Der Bewuchs hat in den letzten Jahren infolge sich verschlechternder Umweltbedingungen stark nachgelassen. Vor wenigen Jahren galt dieses Wrack noch als Geheimtipp für Makrofotografen. Heute sieht man noch ab und zu ein paar Dorsche in kleinen Schulen vorüberziehen. Dass die Bedingungen schlechter geworden sind, ist eine Feststellung, die für den gesamten Bereich der Kieler Bucht gilt.

Besondere Merkmale

Sicherlich gibt es beeindruckendere Wracks in der Kieler Bucht, daher achtet man am besten auf die kleinen Dinge wie den Bewuchs und die Strandkrabben, die es hier immer noch gibt. Das Wrack ist klein genug, um es in einem einzigen Tauchgang komplett zu betauchen.

Tipps für Fotografen

Hier ist die Makroausrüstung zu empfehlen.

Wracktauchen: Kleiner Frachter

Name	Schiffsname nicht bekannt, genannt »Kleiner Frachter«
Wrack-Nr.	1201
Position	den örtlichen Tauchbasen bekannt
Schiffstyp	kleines motorgetriebenes Frachtfahrzeug
Lage	ca. 5 sm östlich Leuchtturm Kiel
Abfahrt von	Marina Wendtorf, Kiel Holtenau
Fahrtzeit	Kutter ab Marina Wendtorf: 1 h Kutter ab Kiel Holtenau: 1 h 30 min
Tiefe	Grund 19 m, Oberkante 15 m

Tipps für Fotografen

Wrackfotografen wie auch Makrofotografen kommen gleichermaßen auf ihre Kosten.

Überblick

Das Wrack ist nur etwa 26 m lang und liegt in der Kieler Bucht in ca. 19 m Wassertiefe. Es steht auf ebenem Kiel und ist recht gut erhalten. Sogar die Schraube ist noch an ihrem Platz. Das Ruderhaus fehlt. Der Laderaum kann in seiner ganzen Länge betaucht werden. Am hinteren Ende des Laderaumes findet sich noch ein umgebrochener Ladebaum oder Mast. Das Schiff erinnert an einen kleinen Lastkahn, wie er auf Flüssen eingesetzt wird, und eigentlich weiß niemand so recht, was ein derartiges Fahrzeug hier draußen auf der Ostsee verloren hatte.

Rechte Seite Die Schraube ist noch an ihrem Platz.
Unten Am Niedergang im Bugbereich

Sicherheitshinweis

Die Lage des Wracks kann aufgrund weit entfernter Landabdeckung nicht mehr als geschützt bezeichnet werden. Die Strömung kann hier draußen zwar manchmal recht heftig werden, trotzdem kann man es wegen seiner guten Übersichtlichkeit »Ostsee-Einsteigern« empfehlen. Bei starker Strömung ist eine gute Kondition vor allem auf dem Weg vom Tauchbasenschiff zur Abtauchboje nötig. Der Skipper des Tauchschiffes sollte eine Strömungsleine legen.

Flora und Fauna

Der »Kleine Frachter« hat ein besonders gut erhaltenes und schützenswertes Biotop. Der schönste Bewuchs befindet sich an der oberen Kante der Bordwände und des Schanzkleides vom Laderaum.

Besondere Merkmale

Der »Kleine Frachter« ist in der Ostsee etwas Besonderes. Seine Herkunft ist noch völlig ungeklärt. Demzufolge sollte das »antike Stück« auf jeden Fall so belassen werden, wie es vorgefunden wurde. Wenn Sie im Laderaum nachschauen, begegnen Ihnen noch manche maritime Gegenstände. Lassen Sie sie bitte dort!

Taucherin unter Ladebaumrest. Links unten der Eingang zum Laderaum.
Rechte Seite Es lohnt sich, mit der Videokamera einen »Gleitflug« über das Wrack zu machen.

Wracktauchen: Voitja

Name	Voitja
Wrack-Nr.	336
Position	den örtlichen Tauchbasen bekannt
Schiffstyp	Segelschiff als Dreimastbark getakelt; später entmastet und umgebaut zum Wachschiff
Lage	Kieler Bucht, Nähe Leuchtturm Kiel
Abfahrt von	Kiel, Marina Wendtorf.
Fahrtzeit	Kutter ab Kiel: 1 h 25 min Kutter ab Marina Wendtorf: 55 min
Tiefe	Grund 21 m, Oberkante 16 m

Historisches

Die *Voitja* ist 1907 als Dreimastbark in Russland gebaut worden. Mit 67 m Länge und 11 m Breite war sie für ihre Zeit schon ein recht stattlicher Segler. Eine Zeit lang wurde sie in Estland bereedert und ging 1940 an die Sowjetunion. Ihre Zeit als Segelschiff endete, nachdem sie, 1941 erbeutet von den Deutschen und später umgebaut zum Wachschiff, am 7. Februar 1945 als *Wachschiff 11* in Dienst gestellt wurde und nun zur 1. Sicherungs-Division gehörte. Eingesetzt wurde sie als »Wachschiff für Flugzeugminen-bedrohte Gewässer« und ist noch im gleichen Jahr durch Kriegseinwirkung verloren gegangen.

Sicherheitshinweis

Dieses Wrack sollte nur nach gründlichen Vorbereitungen bzw. Absprachen von erfahrenen Tauchern und nur als Ausnahmevorhaben betaucht werden.

Tipps für Fotografen

Das gesamte Wrack ist interessant. Brücke und Buggeschütz bieten sich als Fotomotive geradezu an. Aber auch Makromotive gibt es hier reichlich, da die Voitja *selten betaucht wird und das Biotop gut erhalten ist. Man kann das Wrack problemlos innerhalb eines Tauchganges umrunden.*

Blick durch die Reste der Brückenaufbauten. Die Aufnahme entstand im August 1991.

Überblick

Das Wrack der *Voitja* befindet sich in unmittelbarer Nähe des Leuchtturmes Kiel am Rande des dicht befahrenen Fahrwassers. Betaucht werden darf es nur mit einer Sondergenehmigung, die schwer zu bekommen ist.

Das Wrack liegt in maximal 21 m Wassertiefe. Die höchste Erhebung ragt etwa 5 m über dem Grund auf.

Bei der *Voitja* handelt es sich wie bei der *Kayt* um ein hölzernes

Oft herrscht bedrückende Dunkelheit und Kälte an tiefer liegenden Wrackteilen.

Wachboot. Das Wrack ist jedoch wesentlich besser erhalten. Auf dem Vordeck steht noch ein Zwillingsgeschütz, völlig von Seenelken, Seepocken und Muscheln überkrustet. Die Brücke ist noch vorhanden und auf der Backbordseite weit aufgerissen. Der Bug ist durch einen Netzhaker auseinander gerissen.

Die *Voitja* gehört zu den Wracks, die man erst nach einigen Tauchgängen wirklich begreift. Bug und Brücke sind klar zu erkennen, das Heck ist jedoch stark zerstört.

Oben Zwillingsflak
Rechte Seite Eine junge Seenelke hat sich im endständigen Bereich der Muschel festgesetzt und profitiert von ihrem Nahrungswasserstrom.

Flora und Fauna

Reizvoll ist vor allem der wunderschöne Bewuchs, wenn er auch, so wie bei den anderen Wracks in der Kieler Förde, in den letzten Jahren spärlicher geworden ist. Alle hier gezeigten Aufnahmen wurden 1991 gemacht. Dieses Wrack wird als »Perle der westlichen Ostsee« bezeichnet.

Besondere Merkmale

Achtung! Das Wrack der *Voitja* liegt in unmittelbarer Nähe des Leuchtturmes Kiel am Rande des Fahrwassers. Dort darf man normalerweise nicht tauchen. Es geht nur mit einer Sondergenehmigung, und die ist schwer zu bekommen, da die Lotsen des Leuchtturmes den Schiffsverkehr für die Dauer des Tauchvorhabens umleiten müssen. Dann ist eine genaue Absprache mit den Lotsen unbedingt erforderlich und deren Anweisungen Folge zu leisten. Bei Nichtbeachtung dieser Punkte besteht akute Lebensgefahr!
Merken Sie sich die Lage der Abtauchleine für Ihren Rückweg wirklich sehr genau, denn das Wrack ist unübersichtlich und die Sicht nicht immer gut. Es ist unbedingt an der Bojen- bzw. Ankerleine aufzutauchen, da sonst ein Abtreiben in das Fahrwasser droht. Die Ankerwache muss Funkkontakt zum Leuchtturm halten.

Wracktauchen: Brage

Name	Brage
Wrack-Nr.	339
Position	54° 28.680'N 10° 14.360' E
Schiffstyp	Minenleger
Lage	Kieler Förde, Nähe Kiel Leuchtturm
Abfahrt von	Marina Wendtorf, Kiel Holtenau
Fahrtzeit	Kutter ab Marina Wendtorf: 30 min Kutter ab Kiel Holtenau 55 min
Tiefe	Grund 19 m, Oberkante 15 m

Historisches

Die *Brage* erscheint zum ersten Mal am 1. November 1878 in der Seefahrtgeschichte. Zu diesem Zeitpunkt wurde sie in Norwegen als »Kanonenbatterie 2. Klasse« gebaut und 1879 in Betrieb genommen. Gebaut wurde sie von der »Marinens Hovedverft«, Horten, mit der Baunummer 58. In den Jahren 1911 bis 1913 wurde das Schiff zum Minenleger umgebaut und im Zuge des Zweiten

Rechte Seite Ein Stück aus der Bordwand der Brage, aufgenommen im August 1991
Unten Taucher über dem Wrack

Sicherheitshinweis

Für das Betauchen der Brage *sind keine über die beim Wracktauchen üblichen Sicherheitsvorkehrungen hinausgehenden Maßnahmen erforderlich. Die Überreste der* Brage *können in einem Tauchgang komplett umrundet werden.*

Weltkrieges am 14. April 1940 in Melsomvik an Deutschland übergeben. Die weitere Verwendung dieser merkwürdigen Schiffskonstruktion bleibt im Unklaren, ebenso die Frage, wie die *Brage* an ihren heutigen Platz gekommen ist, denn sie wurde nicht durch Kriegseinwirkungen versenkt, sondern einfach aus der Liste der Kriegsschiffe gestrichen.

Länge	29 m
Breite	7,9 m
Leistung	230 kw
Geschwindigkeit	8–10 kn
Antrieb	2 stehende 3-Zyl.-3-fach Expansionsdampfmaschinen, gespeist von zwei Kesseln.
Reichweite	600 sm bei 8 kn, Bunkerkapaz.: 22 t Kohle
Bewaffnung	ein 4,7-cm- und zwei 3,7-cm-Geschütze, außerdem bis zu 20 Minen

Überblick

Das Wrack liegt als erstes Wrack im Ausgang der Kieler Förde in ca. 19 m Wassertiefe. Die maximale Wrackhöhe beträgt ca. 4 m. Durch die noch recht geschützte Lage und die verhältnismäßig geringe Wassertiefe ist dieses Wrack ideal für Nachttauchgänge geeignet. In der Vergangenheit wurde an dem Wrack sehr viel gesprengt, sodass nur noch der Bug und die Bordwand auf der Backbordseite einigermaßen unbeschädigt geblieben sind. Von der einstigen Steuerbordseite zeugt nur noch eine Reihe senkrecht stehender Spanten.

Tipps für Fotografen

Das Wrack der Brage *bietet besonders lohnende Motive für Makroaufnahmen. Ein 60-mm-Makroobjektiv im Gehäuse wäre hier ideal, denn an alle Lebewesen kann man sehr dicht heran.*

Flora und Fauna

Trotz der Zerstörungen ist die *Brage* ein sehenswertes Wrack mit einem sehr gut erhaltenen Biotop.

Besondere Merkmale

Das Wrack selbst ist bei weitem nicht so interessant wie der Bewuchs und die anderen zahlreichen Lebewesen wie zum Beispiel die »handzahmen Strandkrabben«. Tatsächlich kommen sie häufig zu den Tauchern herübergesegelt, um sie als Taxi zu gebrauchen und auf ihnen eine »Rundfahrt« um das Wrack zu machen. Besonders reizvoll ist eine nächtliche (Foto-)Pirsch an der *Brage*. Vor allem in den Sommermonaten sollten Sie einmal

Die Schönheit der Ostsee liegt im Kleinen. Junge Seenelke mit expandierten nesselkapselbewehrten Fangtentakeln.

Eine Strandkrabbe begleitet einen Taucher als blinder Passagier.

Ihre Lampe während des Nachttauchganges ausschalten. Ziehen Sie Ihre Hand durch das Wasser, und Sie werden staunend erleben, welch schöne Leuchtspuren Sie in die nächtliche See malen können.

Tipps für Taucher: Kiel

Service
In Kiel gibt es drei Tauchschulen bzw. -geschäfte und -basen. Der H. & H. Tauchshop von Joachim »Henri« Hendrich und Bruno Hahn ist Schule (CMAS/IDA), Basis, Shop und ein auf Tauchreisen spezialisiertes Reisebüro. Flaschen können hier während der Geschäftszeiten gefüllt werden.
Im Gewerbegebiet Friedrichsort findet man den Laden von Oliver Wolf.

Adressen
H. & H. Tauchshop, Eckernförder Straße 76 24116 Kiel,
Tel.: 0431-55 33 44, Fax: 0431-55 34 03

Baltic Dive Center Oliver Wolf, Redderkoppel 11, 24159 Kiel,
Tel.: 0431-397781, *www.balticdivecenter.de*
E-Mail: info@balticdivecenter.de

Service
Tauchbasis auf der ehemaligen Seebadeanstalt Kiel Holtenau.

Ausbildung
Es wird nach den Richtlinien von IDA ausgebildet. Direkt vor den Stufen der Basis ist die Ostsee.

Adresse
Yachtsport und Tauchen, Heino Luttermann, Tiessenkai 30,
24159 Kiel, Tel.: 0431-36 36 66

Ein paar Kilometer nördlich von Kiel befindet sich die Basis von Klaus Knodt, einem Kieler Berufstaucher.

Service
Hier kann man sich ausbilden lassen, sein Equipment vervollständigen und seine Flaschen füllen.

Adresse
Aquarius Tauchservice, Klaus Knodt, Kieler Straße 9b,

24229 Dänisch Nienhof, Tel.: 04308-427, Fax.: 04308-307
www.aquariustauchservice.de
E-Mail: info@aquariustauchservice.de

Ausfahrten
Von Strande aus kann man mit dem Kutter *Nordland* Tauchfahrten zu den bekannten Wracks in der Kieler Bucht unternehmen.

Adresse
P. Pingel, Dänischenhagener Straße 15, 24229 Strande,
Tel.: 04349-8343

Tipps für Taucher: Hohwacht

Service
Die Ostwind Segelsport GmbH bietet einen vollen Service. Flaschen können während der Saison täglich gefüllt werden. Ein Shop ist auch vorhanden.

Ausbildung
Geschult wird nach PADI. Leihausrüstungen stehen zur Verfügung.

Ausfahrten
Für Ausfahrten und Schulungen gibt es ein PE-Boot für fünf Taucher.

Seminare
Im Winter werden dort verschiedene Seminare abgehalten.

Unterkunft
Der Basis angeschlossen ist ein kleines Hotel. Auch Ferienwohnungen können vermittelt werden.

Adresse
Ostwind Divecenter, Olaf Hutzfeld, Strandstr. 8,
24321 Hohwacht, Tel.: 04381-407 90, Fax: 04381-407 93 00
www.ostwind.com,
E-Mail: info@ostwind.com

Fehmarn

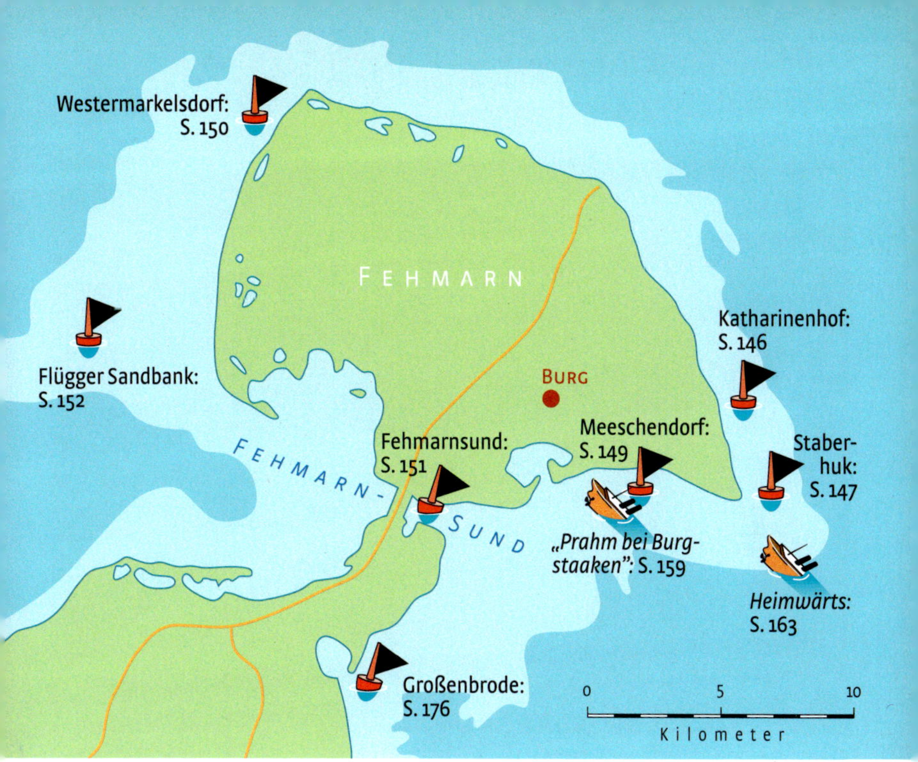

Um Fehmarn

Deutschlands Sonneninsel in der Ostsee ist die Insel Fehmarn. Taucher zieht es meist in den kleinen Ort Katharinenhof, wobei Ort schon fast zu viel gesagt ist. Katharinenhof ist eine Ansammlung von einigen einzelnen Gehöften am Ende einer einsamen Straße gleich hinter dem Strand. Aber auch um Fehmarn herum hat der Zweite Weltkrieg einige Wracks hinterlassen.

Blick von See her in den Hafen von Burg

Der Campingplatz mit dem Waldpavillon als Ausgangspunkt und Einstieg für Tauchgänge bei Katharinenhof

Tauchgebiet Katharinenhof

Anfahrt

Über die Vogelfluglinie kommt man nach Burg auf Fehmarn. Der kleine Ort ist sozusagen die Hauptstadt der Insel. Die Einfallstraße bringt einen geradewegs in das Ortszentrum mit der Einkaufsstraße. Am anderen Ende des Ortes weist ein Straßenschild nach Katharinenhof. Vier Kilometer lang windet sich die kleine Landstraße bis zur Ostsee. Ganz am Ende der Straße, kurz vor dem letzten Campingplatz, liegt Katharinenhof mit der gleichnamigen Tauchbasis.

Das Tauchgebiet erstreckt sich rechts und links von Katharinenhof. Getaucht wird vom Boot oder aber auch rechtwinklig vom Strand aus.

Einstieg

Am Strand erfolgt der Einstieg gleich unterhalb des Lokals »Waldpavillon«. Eher gemächlich fällt der Grund hier auf 8 m bis 9 m ab. Der Boden ist sehr steinig, weit verstreut türmen sich große Felsen auf. Einige von ihnen haben einen Durchmesser von gut

7 m. Dazwischen liegen immer wieder schöne Seegraswiesen, in denen sich zahlreiche kleine Fische tummeln.

Flora und Fauna

Das ganze Jahr über trifft man hier auf Heringe, Hornhechte, Seenadeln und jede Menge Plattfische. Im Sommer gehören auch Aale dazu. Der Herbst ist dagegen die beste Zeit für Dorsch und Butt.

Hier bieten sich Nachttauchgänge an. Im Bereich zwischen 3 m und 5 m tummeln sich dann auch Seeskorpione, Aalmuttern, Krabben und Krebse.

Vom »Waldpavillon« links in Richtung Klausdorf ertreckt sich das Gebiet etwa 800 m. Wer rechts runter taucht in Richtung Staberhof und Staberhuk muss sich zunächst mit 3 m bis 4 m Tiefe begnügen. Aber auch hier liegen viele schön bewachsene Felsen auf dem Grund.

Wrack

Nach knapp 400 m in dieser Tiefe stößt man auf einige Wrackteile. Sie sollen von einem Torpedofangschiff aus dem Zweiten Weltkrieg stammen.

Wann das Schiff wie untergegangen ist, weiß heute keiner mehr so recht. Es ist einfach da bzw. die Überreste: Geländerteile, ein Stück Schornstein und Teile des Bugs. Die Wrackteile liegen etwa 250 m vom Ufer entfernt.

Tauchgebiet Staberhuk

Anfahrt

Kurz vor Katharinenhof geht es rechts ab von der Landstraße zum Marinestützpunkt am Turm. Es ist die einzige Abzweigung, die in die Siedlung Meeschendorf (1 km) führt, und deshalb nicht zu verfehlen. Über Haberdorf kommt man nach Staberhuk.

Das Tauchrevier erstreckt sich zwischen dem Turm und der Landspitze von Staberhuk. Parken kann man auch hier direkt am Strand.

Die Tiefen liegen im Bereich bis 10 m. Der Fischbestand ist nicht ganz so gut. Dafür entschädigt die Unterwasserlandschaft am Turm mit ihren großen Felsen.

Ein Sandweg führt bis zur alten Marineanlage direkt am Strand.

Von Staberhuk aus läuft ein Steinwall bis zur Gefahrentonne. Es lohnt sich, daran entlangzutauchen. Vereinzelt stößt man hier immer wieder auf alte Wrackteile. Bei jedem Sturm – und im Winter sind das nicht wenige – wird etwas freigespült. Mal ist es ein alter Anker, vielleicht auch nur ein Stück Reling.

Flora und Fauna

Staberhuk gehört nach Ansicht von Hans Christian Tietgen, der die Tauchbasis Katharinenhof betreibt, zu den wohl schönsten Tauchgründen der Insel. Zwischen den großen Felsen bis 10 m Tiefe ist die Fischvielfalt groß: Aale, Butt, Dorsch, vereinzelt auch Meerforellen.

Sicherheitshinweis

Ein Survival-Ballon gehört hier wegen der starken Strömung bei jedem Tauchgang unbedingt zur Ausrüstung.

Besondere Hinweise

Nachteilig ist die manchmal sehr extreme Strömung bei westlichen Winden. Es ist deshalb immer ratsam, ein Boot dabeizuhaben, das einen wieder aufnehmen kann. Selbst wenn die Oberfläche ruhig aussieht, kann es schon wenige Meter unter dem Wasserspiegel ganz anders aussehen. Wenn es »strömt«, dann

Leuchtturm Staberhuk mit dem Tauchgebiet um die Landspitze herum

strömt es immer seewärts, also landab. Ein Gegenschwimmen ist praktisch ausgeschlossen.
Erfahrene Taucher können hier allerdings das »Fliegen« lernen, wenn sie die Strömung richtig zu nehmen wissen. Die Gefahrentonne liegt rund 1000 m von Staberhuk entfernt.

Tauchgebiet Meeschendorf

Anfahrt

Bei Meeschendorf zwischen Burg und Staberhuk, von dem ja schon einmal die Rede war, kann man bis zum Parkplatz beim Campingplatz »Europa« direkt bis an das Wasser fahren. Der Grund fällt hier sehr flach auf 4 m bis 5 m ab.

Flora und Fauna

Zu sehen gibt es vor allem ausgedehnte Seegraswiesen, die vielen Kleinfischen Schutz gewähren. Verstreut zwischen den Seegraswiesen liegen große Steinplattformen. Wo sie ausgewaschen wurden und abgebrochen sind, bilden sie kleine »Canyons« von bizarrer Schönheit.

Tauchgebiet Westermarkelsdorf

Bei starkem Ostwind muss man auf die gegenüberliegende Inselseite ausweichen. Das Ziel heißt dann Westermarkelsdorf. Auch hier kann man bis an den Deich heranfahren. Verfahren kann man sich nicht – bei nur einer Straße.

Erkennbar ist auch der Parkplatz, von dem aus man in diesem Bereich tauchen kann in Richtung auf den Pfahl und entlang der Küste.

Flora und Fauna

Das Wasser ist hier bedeutend flacher und selten tiefer als 3 m bis 4 m. Der Grund ist am ehesten mit »durchwachsen« zu beschreiben: Steine, Kiesel und Sand, dazwischen Bewuchs. Im Vergleich zu Staberhuk kann dieser Tauchplatz aber nur als eine Notlösung mit schönen Stellen bezeichnet werden.

Tiefe

Alle Tauchgebiete um Fehmarn liegen in einer Flachwasserzone bis 7 m. Diese Zonen reichen bis weit in die See hinaus. Tiefere Gebiete können damit nur schwer von Land aus erreicht werden. Gerade in diesen flachen Bereichen kann man aber viele Formen unterschiedlichen Lebens beobachten. Die einzige Möglichkeit, tiefer zu tauchen, bietet sich unterhalb des Fehmarnsund.
Das Vogelschutzgebiet bei Westermarkelsdorf ist allerdings auch für Taucher gesperrt.

Tauchgebiet Fehmarnsund

Einen schon fast legendären – eher aber recht zweifelhaften – Ruf bei Tauchern hat der Fehmarnsund unterhalb der Brücke der Vogelfluglinie. Getaucht wird hier meist von der Fehmarn-Seite aus.

Anfahrt

Der Parkplatz unterhalb der Brücke ist am einfachsten über Strukkamp oder Burg-Wulfen und die Belitzwerft zu erreichen. Vom Parkplatz aus kann man einsteigen.
Auffallend sind die ausgedehnten Muschelbänke. Außerdem kann man hier vieles von dem finden, was von den vorbeifahrenden Schiffen über Bord geworfen worden ist – um es einmal vorsichtig auszudrücken. Auch beim Bau der Brücke ging seinerzeit viel »über Bord« – manche würden allerdings zutreffender sagen, es wurde kostengünstig entsorgt. Sicher findet man den einen oder anderen Anker, aber auch Geländerteile, Leitern und Ähnliches. Vor einiger Zeit bargen Taucher hier sogar einen alten verrosteten Tresor.
Bis zur Fahrrinne fällt die Küste dann auf ungefähr 10 m Tiefe hinunter.

Der Fahmarnsund in seiner ganzen Breite. Getaucht wird in der Regel von der Fehmarn-Seite aus von der Landspitze eben unterhalb der Brücke.

Besondere Hinweise

Der angesprochene Ruf des Fehmarnsund beruht auf der oft extremen Strömung. Dieser Tauchplatz ist deshalb nur etwas für wirklich erfahrene Taucher bei entsprechender Sicherung durch ein Boot.

Auch wenn es nur knapp 1000 m bis zum anderen Ufer sind – einheimische Taucher warnen davor, die Fahrrinne zu durchtauchen, denn die Rinne selbst ist nicht viel tiefer und der Schiffsverkehr erheblich.

Tauchgebiet Flügger Sandbank

Ein Tauchgebiet noch zum Schluss: Im Südwesten der Insel liegt die Flügger Sandbank, ein Flachwasserrevier. Hier, so sagt man, sei im Zweiten Weltkrieg ein Flugzeug beim Anflug auf Großenbrode abgeschossen worden. Sein Wrack soll noch immer in 5 m bis 6 m Tiefe liegen – nur in den gängigen Karten ist es nicht eingezeichnet. Es soll aber Taucher geben, die es schon gesehen haben …

Wracktauchen: Falke

Schiffsname	Falke
Wrack-Nr.	1462
Position	54° 36.766'N 10° 42.097'E
Schiffstyp	Fischkutter
Lage	westlich Fehmarn
Abfahrt von	Burgstaaken
Fahrtzeit	ca. 40 min
Tiefe	Grund: 25 m, Oberkante ca. 15 m (Mast)

Historisches:

Der aus Kappeln stammende Kutter geriet im Winter 1989 in einen schweren Sturm und sank. Dabei kam ein Mann zu Tode und wurde später geborgen.

Überblick

Der kleine Fischkutter liegt in 25 m Wassertiefe mit einer Schlagseite von ca. 30° nach Backbord auf Grund. Die vollständig erhaltene Takelage ragt bis auf eine Wassertiefe von 15 m auf. Durch die kurze, gedrungene Form kann das Wrack leicht mit einer gesunkenen Boje verwechselt werden. Dieser Eindruck ist besonders stark, wenn man zuerst den mit Netzen behangenen Mast entdeckt.

Westlich von Fehmarn liegt das Wrack des Fischkutters *Falke*. Die Ostsee hat das Wrack als Lebensraum erobert.

Sicherheitshinweis

Das Wrack liegt nicht übermäßig tief, Allerdings stellen die Netze am Heck und in der Takelage eine nicht zu unterschätzende Gefahrenquelle dar. Messer nicht vergessen!

Der aus GFK gebaute Rumpf ist völlig unbeschädigt und weist noch eine stellenweise gut zu erkennende blaue Lackierung auf. Würde man das Wrack heben, wäre es vermutlich ohne größere Reparaturen schwimmfähig.

Die Brücke ist, mit einigem Risiko hängen zu bleiben, zugänglich. Der hintere Teil des Ruderhauses sowie das gesamte Heck des *Falken* ist komplett mit einem Netz überzogen.

Da das Wrack nur sehr wenigen Leuten bekannt ist, wurde bisher noch nichts abmontiert. So sind das Ruder und die Schraube noch an ihrem Platz. Auch die Einrichtung der Brücke scheint noch komplett zu sein.

Besonderheiten

Das Wrack des *Falken* vermittelt den Eindruck eines völlig intakten, aber von der Welt vergessenen Bootes. Das vermutlich eigene Netz des nur 14 m langen Kutters am Heck sowie die hängen gebliebenen Netzreste am Mast vermitteln den gespenstischen Eindruck eines Geisterschiffes.

Durch den relativ sauberen, sandigen Untergrund und die Lage außerhalb des direkten Einflusses der großen Küstenstädte kann man hier häufig mit sehr guten Sichtbedingungen rechnen.

Bedingt durch die geringe Größe dieses Wracks empfiehlt es sich, an diesem Platz nur in kleinen Gruppen zu tauchen.

Das Heck des Wracks ist fast komplett von einem Netz überdeckt. Wrack und Netz sind dicht mit Seenelken bewachsen.

Taucher unter der Takelage des Vorschiffs. Diese bildet, dicht bewachsen mit Seenelken und anderem Meeresgetier, einen dichten Dschungel über dem Wrack.

Tipps für Fotografen

Das kleine Wrack ist für Makrofotografen und Wrackfotografen gleichermaßen ein Geheimtipp. Durch seine geringe Größe fällt es sehr leicht, mit den Übersichtsaufnahmen den Eindruck eines Wracks zu vermitteln. Die besten Ergebnisse hat man natürlich auch hier mit einer möglichst kurzen Brennweite.
Darüber hinaus findet der Makrofotograf, bedingt durch das saubere Wasser und die offenbar sehr günstige Lage des Wracks, ein breites Spektrum des marinen Lebens der Ostsee vor.

Flora und Fauna

Das Wrack ist an vielen Stellen sehr dicht mit Seenelken bewachsen, jedoch noch nicht so stark, dass der Eindruck, ein Schiff vor sich zu haben, beeinträchtigt wäre. Besonders das Netz am Heck und Ruderhaus scheint ideale Lebensbedingungen für die Seenelken zu bieten. Von der Art des Bewuchses her ist es ein typisches Wrack der westlichen Ostsee. Mittlerweile haben auch zahlreiche Strandkrabben den *Falken* als neuen Lebensraum für sich erobert. Außerdem findet man den Nordischen Seeskorpion, Dorsche und im Frühjahr Seehasen.

Wracktauchen: Nordfahrt

★★★★

Schiffsname	Nordfahrt
Wrack-Nr.	363
Position	54° 36.580N 10° 57.450E
Schiffstyp	Frachter
Lage	nordöstlich Fehmarn
Abfahrt von	Wismar, Neustadt, Heiligenhafen
Fahrtzeit	k. A.
Tiefe	Grund: 28 m
	Oberkante: ca. 23 m

Sicherheitshinweis

Der Skipper muss unbedingt Vorkehrungen treffen, dass kein Taucher durch die starken Strömungen gefährdet wird. Das Ausbringen einer Strömungsleine reicht in diesem Fall nicht aus. Vielmehr muss ein Beiboot in Bereitschaft gehalten werden, um eventuell weit abgetriebene Taucher einsammeln zu können. Für den Rückweg zur Wasseroberfläche daher unbedingt eine Reel samt SMB bereithalten. Keine dekompressionspflichtigen Tauchgänge!

Historisches

Der Dampfer *Nordfahrt* wurde im Jahr 1910 fertiggestellt und gehörte der »Nordische Schifffahrts und Transport GmbH, Hamburg«. Der 2543 BRT große Kohlenfrachter *Nordfahrt* (ex. *Hammonia*) lief am 10. März 1945, kurz vor Kriegsende, auf eine der von britischen Mosquito-Bombern in den Nächten zuvor abgeworfenen Minen und sank.

Überblick

Die *Nordfahrt* liegt nordwestlich von der Insel Fehmarn in etwa 28 m Wassertiefe. Damit gehört sie für Ostseeverhältnisse schon zu den tieferen Wracks.

Zwei Taucher am Wrack der Nordfahrt in 24 m Tiefe. Rechts sind Teile der Schiffswand zu sehen. Die Ausmaße dieses Wracks sind riesig.

Der Zustand des Wracks ist sehr schlecht, da offenbar ausgiebig gesprengt wurde. Es ist recht kompliziert, sich an diesem Wrack zurechtzufinden. Bug und Heck haben wir bis heute nicht eindeutig zuweisen können. Die markanteste Stelle ist ein Stück riesigen Rohres, welches vermutlich ein Überbleibsel des Schornsteines darstellt.
Die Reste eines riesigen Laderaumes lassen die gewaltigen Ausmaße dieses ehemaligen Frachters erahnen.

Tipps für Fotografen

Dieses Wrack eignet sich aufgrund seines schlechten Erhaltungszustandes weniger für eindrucksvolle Wrackaufnahmen. Man wird auf diesen Fotos mit einiger Sicherheit kein »Schiff« mehr erkennen können.

Flora und Fauna

Fehmarn stellt in der Ostsee eine biologische Grenze dar. Man findet hier noch Seenelken als den typischen Bewuchs der westlichen Ostsee, aber auch schon die typischen Hydrozoen des Ostens. Häufig pilgern große Schulen von beachtlichen Dorschen an diesem in der offenen See liegenden Wrack vorbei.

Besondere Merkmale

Bedingt durch die ungeschützte Lage weit draußen im Fehmarnbelt, können das Wetter und die Meeresströmung Tauchgänge völlig unmöglich machen. Hier gilt ganz besonders der Grundsatz, nichts zu erzwingen!
Dieses Wrack ist extrem unübersichtlich. Seien Sie bitte nicht enttäuscht, wenn Sie auch nach mehreren Tauchgängen immer noch nicht begriffen haben, wo Sie eigentlich herumgeschwommen

Der umgestürzte Rest eines Schornsteins

Ein Taucher untersucht eine gewaltige Stahlplatte mit aufgeschweißten Spanten. Es bleibt rätselhaft, an welcher Stelle des ehemaligen Schiffes wir uns befinden. Zu groß ist das Chaos verbogener und wie zufällig durcheinandergewürfelter Stahlteile.

sind. Es kann auch sehr leicht passieren, dass man seine Abtauchboje nicht wiederfindet. Bei der an diesem Tauchplatz sehr häufig recht starken Strömung kann dies zu einer Gefährdung der Taucher führen. An diesem Tauchplatz habe ich es mehrfach erlebt, dass die Strömung am Wrack in einer völlig anderen Richtung verlief als an der Oberfläche.

Weiterhin muss man sich an diesem Platz auf Großschifffahrt einstellen, die sich, aus der Perspektive von uns Tauchern betrachtet, sehr lautstark ihren Weg bahnt. Die Geräuschkulisse einer Großfähre ist unter Wasser doch sehr unheimlich, weniger »ostseeerfahrene« Taucher müssen darauf unbedingt vor dem Tauchgang hingewiesen werden. Dass sich dekompressionspflichtige Tauchgänge an diesem Wrack verbieten, ergibt sich aufgrund dieser Gegebenheiten eigentlich von selbst.

Es muss an dieser Stelle auch darauf hingewiesen werden, dass sich zum Tauchen im Fehmarnbelt ein großes Tauchbasenschiff eher eignet – es wird auf See einfach weniger leicht übersehen. Bei kleineren Fahrzeugen ist zumindest ein Radarreflektor ein absolutes Muss. Das Funkgerät muss während der Tauchgänge unbedingt besetzt sein. (Das sollte eigentlich immer so sein, ist aber an diesem Tauchplatz absolut unabdingbar!)

Wracktauchen: Prahm bei Burgstaaken

Schiffsname	unbekannt
Wrackname	Prahm
Wrack-Nr.	nicht bekannt
Position	örtlichen Tauchbasen bekannt
Schiffstyp	antriebsloser Prahm
Lage	südöstlich Burgstaaken auf Fehmarn
Abfahrt von	Burgstaaken
Fahrtzeit	20 min
Tiefe	Grund 16 m Oberkante 13 m

Historisches

In den letzten Tagen des Zweiten Weltkrieges fanden in dieser Gegend verheerende Gefechte statt, die von Historikern auch als die »Hölle vor Staberhuk« bezeichnet werden.

Am 3. Mai 1945 startete die britische Luftwaffe den letzten großen Angriff auf die in der Ostsee befindlichen deutschen Schiffe und Boote. Es war jener grauenhafte Tag, an dem auch die Schiffe *Cap Arkona*, *Thielbeck* und *Deutschland* in der Neustädter Bucht, also ganz in der Nähe, von britischen Flugzeugen in einem beispiellosen Inferno versenkt wurden.

An diesem Tag waren östlich der Insel Fehmarn etwa 25 Schiffe auf See. Größtenteils gehörten sie zu der in Auflösung begriffenen U-Boot-Waffe. Um sie dem Zugriff der kurz vor Lübeck stehenden Engländer zu entziehen, wollte man eine Reihe von U-Booten in der Ostsee versenken. Die Schiffe, darunter die *MS Bolkoburg* und die *MS Vega*, sollten die Mannschaften der sechs Unterseeboote aufnehmen.

Gegen 14 Uhr begann der Angriff der britischen Flugzeuge. Das U-Boot *U3012* wurde getroffen und versenkt. Ein Teil der Besatzung schaffte den Ausstieg und wurde von der *Bolkoburg* übernommen. Die *Vega* wurde von Raketenbomben getroffen und brannte. Im Laufe der Gefechte wurde auch die *Bolkoburg* getroffen und brannte im Vorschiff. An Deck lagen Tote und Verwundete. Die Verwundeten wurden an eine »Schute« übergeben. Es könnte sich dabei um den vor Burg gefundenen Prahm gehandelt haben. (Die Begriffe »Schute« bzw. »Prahm« werden sprachlich sehr oft verwechselt. Eine Schute hat Laderäume im Rumpf, bei einem

> **Sicherheitshinweis**
>
> *Dieses Wrack ist sehr einfach zu betauchen. Die Tiefe ist gering und das Wrack sehr übersichtlich.*

Prahm wird die Ladung auf Deck stehend befördert. Beide Schiffsbauformen besitzen keinen eigenen Antrieb. Sehr oft wird daher für alles, was keinen eigenen Antrieb hat, der Begriff »Schute« verwendet.) Zum Zeitpunkt des Angriffs lag auf der Backbordseite der *Bolkoburg* ein Schlepper. Vermutlich diente er dazu, den antriebslosen Prahm zu schleppen. An der Steuerbordseite der *Bolkoburg* hatten zwei U-Boote im Päckchen liegend längsseits festgemacht. Sie sollten zur Versenkung vorbereitet werden. Weitere Flugzeugangriffe zwangen die beiden U-Boote zunächst zu tauchen. Sie wurden mit den restlichen vier Unterseebooten im Schutze der Dunkelheit versenkt.

Doch bis zur Abenddämmerung war es noch ein langer und verlustreicher Weg, fast alle in diesem Seegebiet befindlichen Schiffe waren bis dahin entweder von den Flugzeugen versenkt oder von den Besatzungen in höchster Not auf den Strand gesetzt worden. Die genaue Zahl der Toten dieser »Hölle von Staberhuk« ist bis heute nicht bekannt geworden.

Die schwer angeschlagene, aber immer noch bewegungsfähige *Bolkoburg* fuhr mit slipendem Ankergeschirr, da die Ankerwinsch durch den Bombentreffer beschädigt war, in Richtung Burg. Auf der Fahrt wurden die Toten in Segeltuch eingenäht und der See übergeben. Schließlich ging das Schiff östlich von Burgstaaken vor Anker. Die restliche Besatzung von 25 Mann wurde evakuiert. In den Vormittagsstunden des folgenden Tages ereilte auch die *Bolkoburg* ihr Schicksal. Sie sank fast genau auf der Position, an der im August 1997 die rätselhafte Schute entdeckt wurde. Die *Bolkoburg* wurde im Jahr 1946 gehoben und für einen polnischen Schiffsneubau ausgeschlachtet.

Vermutlich ist der östlich von Burgstaaken gefundene Prahm eines jener Fahrzeuge, die eingesetzt wurden, um Besatzungen von den versenkten Schiffen an der Süd- und Ostküste von Fehmarn zu evakuieren. Die unmittelbare Nähe zur Untergangsstelle der *Bolkoburg* ist unserer Meinung nach kein Zufall.

Und noch etwas: Ein Prahm oder eine Schute ist normalerweise nie alleine unterwegs. Wenn ein solcher Zug angegriffen wird, konzentriert sich der Angreifer logischerweise zuerst auf den Schlepper. Der hilflose Prahm wird danach zur leichten Beute. Somit liegt mit großer Wahrscheinlichkeit in der Nähe noch ein weiteres Wrack oder zumindest ein paar Reste davon. Es lohnt sich also mit Sicherheit, die nähere Umgebung abzusuchen.

Tipps für Fotografen

Durch die geringe Tiefe ist es am Wrack hell genug, um auch mit einer normalen Unterwasser-Fotoausrüstung brauchbare Wrackaufnahmen zu machen. Lassen Sie Ihr Modell einfach hinter einem der zahlreichen Poller posieren. Mit professioneller Weitwinkeltechnik lassen sich hier sehr eindrucksvolle Bilder gestalten, auf denen man sogar ein Schiff erkennt.

Vom Vorschiff der Schute sind nur noch Reste vorhanden. Vereinzelte Spanten ragen ins Wasser, der Boden ist von Trümmern bedeckt.

Überblick

Bereits in 6 m Wassertiefe können Sie schemenhaft die Umrisse eines Rumpfes mit quer verlaufenden Decksspanten erkennen. Hinter dem abgerundeten Heck findet man in etwa 16 m Grund. Eine Schraube kann man nicht entdecken, der Rumpf war offensichtlich auch nicht dafür vorgesehen, es handelt sich um einen antriebslosen Prahm. Das für die Schiffsgröße sehr reichlich dimensionierte Ruderblatt steckt weitgehend im Schlick und reicht mehrere Meter nach achtern. Auf dem Achterdeck stehen noch ein paar Poller herum. Aufbauten gibt es nicht.

Richtung Mittschiff stehen unter dem abgetragenen Deck noch die Decksspanten. An den Seiten besteht das Deck aus Stahl.
Im Vorschiffbereich endet der relativ intakte Rumpf hinter einer kurzen stählernen Decksfläche in einem Kollisionsschott. Diese Decksfläche weist zahlreiche Einschläge auf. Das daran anschließende Vorschiff ist völlig zerstört. Einzelne Spanten ragen aus dem Boden, geborstene Planken und Stahltrümmer liegen überall verstreut. Einige Meter weiter vorne stehen die Reste eines Stevens aufrecht im Sand. So sehen Wracks häufig nach einem Minen- oder Bombentreffer aus. Auch die in dieser Zeit häufig von Flugzeugen aus abgeschossenen »Raketenbomben« richteten derartige Verwüstungen an.

Flora und Fauna

Das Wrack ist nicht übermäßig stark bewachsen, in seinem Inneren kann man aber ein paar dicke Aale finden.

Besondere Merkmale

Der Prahm ist ein sehr gut erhaltenes Kriegswrack. Es ist ausgesprochen anfängerfreundlich. Trotzdem sollte man im Hinterkopf behalten, dass es auch bei der Versenkung dieses Schiffes, in der Hölle von Staberhuk, Tote gegeben haben kann.

Das Wrack des Fischkutters *Heimwärts* ist bereits sehr stark bewachsen. Diese Vorrichtung diente vermutlich zum Einholen der Netze.

Wracktauchen: Heimwärts

Schiffsname	Heimwärts HEIL34
Wrack-Nr.	nicht bekannt
Position	54 21.360N 11 23.710E
Schiffstyp	Fischkutter
Lage	südöstlich von Staberhuk
Abfahrt von	Burgstaaken
Fahrtzeit	ca. 20 min
Tiefe	Grund 22 m
	Oberkante ca. 18 m

Historisches

Der aus Heiligenhafen stammmende kleine Kutter geriet am 1. Oktober 1969 beim Fischen in einen schweren Sturm. Die Netzwinde ging defekt, und so konnte man das Netz bei den mittlerweile 10 Windstärken nicht mehr einholen. Das Netz wurde daher gekappt und zum besseren Wiederfinden mit einer Boje markiert.

Auf dem Weg in die Landabdeckung von Fehmarn kollidierte das kleine Fahrzeug offenbar mit einem schweren Stück Treibgut. Der Kutter sank danach innerhalb weniger Minuten mit einem Bugschaden. Vermutlich war durch den harten Anstoß eine Planke aufgesprungen.

Dem Schiffsführer und dem Matrosen gelang es noch, die Rettungswesten anzulegen. Der Schiffsführer band sich zusätzlich noch ein paar Netzschwimmer um. Diese wurden ihm zum Verhängnis, er verfing sich damit in den Wanten und versank mit dem Schiff. Der Matrose wurde ein paar Stunden später von einem anderen Schiff gerettet.

Überblick

Das Wrack ist etwa 15 m lang und steht, mit einer leichten Neigung nach Backbord, beinahe auf ebenem Kiel. Von den Decksaufbauten ist nicht mehr allzu viel vorhanden. Man kann es leicht innerhalb eines Tauchgangs umrunden. In der Schiffsmitte befindet sich ein Laderaum; außer ein paar Zentnern Schlamm werden Sie dort nichts weiter entdecken. Auf dem Vordeck sind noch ein paar der auf Kuttern gebräuchlichen Schiffseinrichtungen zu betrachten.

Sicherheitshinweis

In der Nähe von Fehmarn herrscht häufig eine mäßige bis starke Strömung. Besonders bei oder direkt nach Schlechtwetterlagen muss man vorsichtig sein. Es empfiehlt sich, wenn man vor Anker gehen muss, eine Strömungsleine von der Leiter aus auszubringen. Dieser Tauchplatz hat einen sehr schlechten Ankergrund. Es ist damit zu rechnen, dass das verankerte Boot sehr oft von der Strömung versetzt wird. Um Fehmarn herum empfehlen wir, nach englischem Vorbild zu tauchen, d.h. eine Reel mit einem SMB auf dem Tauchgang mitzuführen.

Die Reste einer Reling sind, genau wie das Deck, bis zur Unkenntlichkeit bewachsen.

Flora und Fauna

Der Bewuchs dieses Wracks besteht in erster Linie aus Seenelken, die an diesem Wrack eine eindrucksvolle Größe erreichen. Allerdings haben wir in der Ostsee schon häufig beobachten müssen, dass solche Verhältnisse nicht unbedingt von Dauer sind. So kann es einem ohne weiteres passieren, dass man in einem Jahr plötzlich einen »Kahlschlag« vorfindet, ein paar Jahre später ist das Wrack wieder so schön wie gewohnt.

Tipps für Fotografen

Mit sehr kurzen Brennweiten schöne Übersichtsaufnahmen möglich – bei guter Sicht. Wer sich nicht sicher ist, verlässt sich am besten auf seine Makroausrüstung. Die Heimwärts *ist hierfür eines der am besten geeigneten Wracks vor Fehmarn.*

Besondere Merkmale

Das Wrack der *Heimwärts* ist eigentlich sehr einfach zu betauchen. Es ist recht klein und übersichtlich, auch die Wassertiefe stellt keine hohen Anforderungen an den Taucher. Allerdings kann der Untergrund, der vorher schon den Skipper beim Ankern genervt hat, auch den Tauchern den Gang verderben – ein unbedachter Flossenschlag kann ausreichen, das ganze Wrack für die verbleibende Tauchzeit einzunebeln.

Da das Wrack regelmäßig zum Tauchen angelaufen wird, ist meist eine Boje am Wrack befestigt. Man kann sich jedoch nicht immer darauf verlassen, da Bojen häufig von Freizeitkapitänen, die ein großes Geheimnis am anderen Ende der Leine vermuten, abgerissen werden.

Wracktauchen: Falke (BUR5)

Schiffsname	Falke (BUR 5)
Wrack-Nr.	nicht bekannt
Position	54 15.300N 11 18.086E
Schiffstyp	Fischkutter
Lage	südlich Sagasbank
Abfahrt von	Burgstaaken, Neustadt
Fahrtzeit	40 min ab Burgstaaken
Tiefe	Grund 12,5 m, Oberkante 9,5 m

★ ★ ★

Sicherheitshinweis

Das Wrack ist sehr übersichtlich und einfach zu betauchen.

Historisches

Der Kutter ist am 16. März 1996 in einem Sturm gekentert und gesunken. Wie die Bezeichnung BUR 5 verrät, war er in Burg auf Fehmarn beheimatet.

Überblick:

Bei dem hier fotografierten Wrack handelt es sich um einen gut erhaltenen Fischkutter, der mit leichter Neigung nach Steuerbord auf dem Grund steht. Am Heck hängt noch ein ausgestrecktes

Taucher am Ruderhaus des Wracks

Auf dem Vorderdeck steht noch der Radarmast.

Schleppnetz. Das Wrack ist sehr klein, höchstens 14 m lang. Es ist mittlerweile von einigen Netzen überzogen, da immer wieder Fischer mit ihren Schleppnetzen über diese Position fahren. Danach hat dann die so genannte »Hakerkarte« wieder ein Kreuzchen mehr ...

Flora und Fauna:
Das Wrack ist mittlerweile schön mit Seenelken bewachsen.

Besondere Merkmale:
Um etwas von diesem Tauchgang zu haben, sollte man in einer kleinen Gruppe tauchen und sich Leute aussuchen, die gut tarieren können. Das Wrack auf dem Echografen sehen und es unter Wasser zu finden sind zwei paar Schuhe. Oft ist die Sichtweite so schlecht, dass man das Wrack nur findet, wenn man es mit dem Grundgewicht genau trifft, oder man muss noch einen dieser kleinen roten Unterwasserecholoten von Scubapro besitzen. Damit kann man das Wrack durch eine einfache »Rundumpeilung« als Hindernis auf dem flachen Ostseeboden recht einfach orten.
Wenn Sie es dann gefunden haben, achten Sie darauf, ob es sich leicht nach Steuerbord neigt und ein Netz am Heck hat. Wenn ja, haben Sie das an dieser Stelle beschriebene Wrack entdeckt, wenn nein, haben Sie das gleiche, merkwürdige Erlebnis wie ich selbst vor ein paar Jahren. Ich bin der festen Überzeugung, dass dicht neben dem hier beschriebenen Wrack noch ein weiteres liegt. Ohne Netz und mit einer leichten Neigung nach Backbord, außerdem wirkt es etwas älter. Die Größe ist ungefähr gleich.

Tipps für Fotografen

Die hängen gebliebenen Netze verleihen dem Wrack heute etwas Geheimnisvolles.

Tipps für Taucher

Hans Christian Tietgen betreibt die Tauchbasis Katharinenhof. Angeschlossen ist ein kleiner Shop und eine Füllstation, die täglich geöffnet ist, ab Ostern bis Ende Oktober von 9 bis 20 Uhr oder nach Absprache. Leihausrüstungen stehen zur Verfügung.

Ausbildung
Geschult wird hier nach PADI bis zum Dive Master.

Ausfahrten
In der Saison werden regelmäßig Tauchfahrten durchgeführt. Dafür steht ein 6 m langes Boot zur Verfügung.

Unterkunft
Teil der Basis ist ein Komplex mit Ferienwohnungen. Gleich nebenan auf dem Campingplatz kann man auch Wohnwagen mieten.

Adresse
Tauchbasis Katharinenhof, Hans Christian Tietgen,
Dorfstr. 27, 23769 Fehmarn, Tel.: 04371-5493, Fax: 04371-6468
www.tauchen-fehmarn.de
E-Mail : info@ferienwohnungen-tietgen.de

Blick über den Hafen von Burg

Naturstrand bei Katharinenhof

Service

Die Tauchschule Calypso ist von April bis Ende Oktober geöffnet. Kompressor und Leihausrüstungen sind vorhanden.

Ausbildung

Ausgebildet wird nach PADI bis zum Dive Master; Spezialkurse und Schnuppertauchen. Bootstauchgänge vom Schlauchboot oder mit einer 17,5 m Segelyacht in Tages- und Wochenendtörns.

Adresse

Tauchschule Calypso , Christian Holm, Frank Pieplak,
Tel.: 04371-63 14
Camping Wulfener Hals, 23769 Wulfen/Fehmarn,
Tel.: 04371-63 14, Website: *www.tauchschule-calypso.de*

Service

Über einen Kompressor verfügt auch MiraMar, der erste Campingplatz ca. 1,5 km von der Fehmarnsund-Brücke entfernt. Füllungen nach Absprache. Heinrich Klahn, Tel.: 04371-32 20, Fax.: 04371-86 80 44

Der beste Einstieg ist die Slipanlage. Doch Vorsicht! Der Untergrund ist sehr glitschig. Ganz ohne Aufmerksamkeit bleiben die Tauchaktivitäten an diesem Strand in der Nähe des Campingplatzes nicht.

Ausfahrten
Mit seinem Motorsegler *Pegasus* veranstaltet Klaus Gebauer Tages-Tauchfahrten für kleine Gruppen bis zu drei Leuten. Seine Spezialität sind Schlepptauchgänge im Strömungsgewässer unter dem Sund.

Adresse
Wassersportschule Baltic, Klaus Gebauer, 23769 Sulsdorf/ Fehmarn, Tel.: 043 72-404 und 0170-170 54 44

Ausfahrten
Von Heiligenhafen aus bietet die Segelschule Reese Tauchfahrten mit der Ketsch *Alte Liebe* an.

Adresse
Segelschule Reese, Rügenwalder Straße 13, 23774 Heiligenhafen
Tel.: 04362-90 00 72,
www.reese-seetouristik.de
E-Mail: mss.alte.liebe@t-online.de

Lübecker Bucht

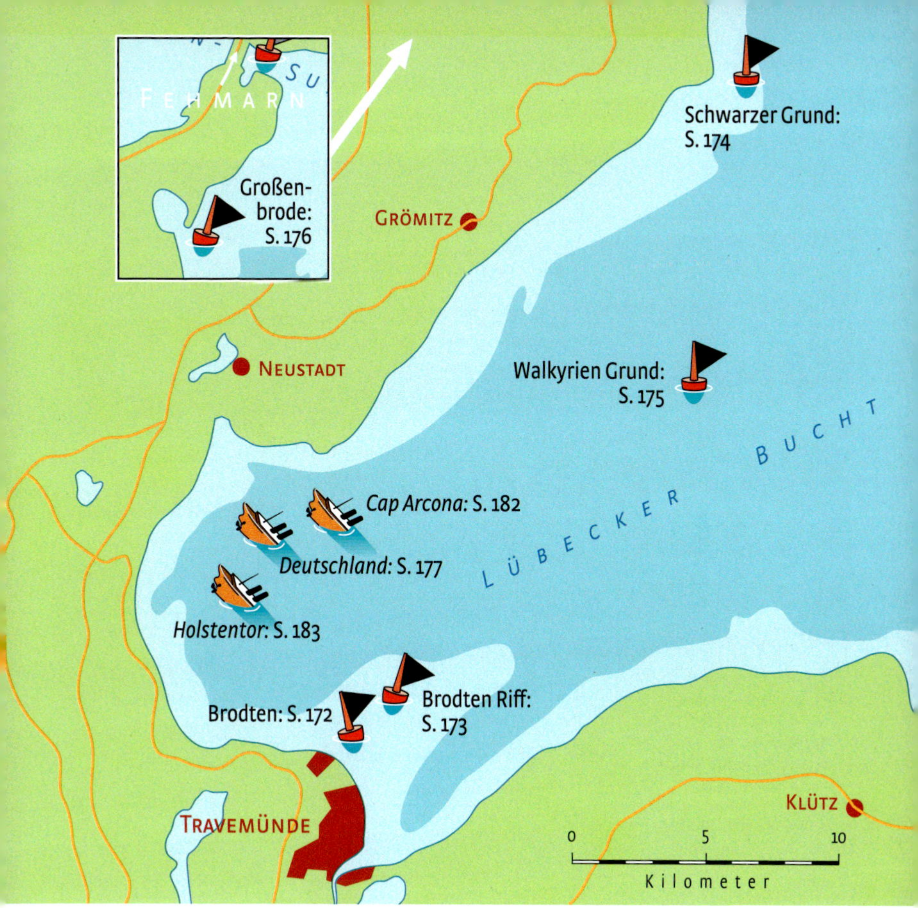

Lübecker Bucht

Bei der Lübecker Bucht denkt man zunächst an die feinsandigen Strände zwischen Travemünde und Fehmarn. Für Taucher ist die Bucht bislang wenig erschlossen. Dabei gibt es gerade hier noch viel zu entdecken. Das liegt zum einen daran, dass die einstige DDR-Seegrenze scharf überwacht wurde und jeder Bootsverkehr nahe der in der Mitte der Bucht verlaufenden Grenze deshalb von vornherein »suspekt« war. Zum anderen hängt die Sicht unter Wasser sehr von der Windrichtung ab. Die Bucht ist relativ flach. Weht ein kräftiger, auflandiger Wind aus östlicher Richtung, wirbeln die Wellen schnell so viele Kleinteile vom Meeresgrund auf, dass man »die Hand nicht mehr vor Augen« sieht. Bei ablandigem Wind allerdings erschließen sich wahre Paradiese.

Von Brodten aus führt ein einsamer Weg zum Steilufer. Getaucht wir entweder entlang des Strandes oder in Richtung auf die Tonne Brodten Ost weiter draußen bei der Fahrrinne.

Tauchgebiet Brodten

Anfahrt

Kurz hinter Travemünde liegt das Brodtener Steilufer. Gleich hinter dem Ortsausgang des kleinen Ortes Brodten führt ein Sandweg zum Steilufer und zum Strand.

Flora und Fauna

Das Wasser ist hier mit maximal 5 m sehr flach. Der natürliche Untergrund allerdings ist wunderschön. Mit Muscheln dicht bewachsene große Steine liegen verstreut auf dem Lehmgrund. Strömung und Wellen haben tiefe Furchen in den Grund gewaschen. Das Ergebnis ist eine Landschaft mit einem eigentümlichen Reiz. In diesen Furchen tummeln sich gerne Grundeln. Wenn man etwas tiefer raustaucht – nahe der 10-m-Grenze –, findet man auch Seehasen.

Von weit her erkennbar sind die drei Hochhäuser des Ferienparks Sierksdorf mit dem dahinter liegenden Hansaland.

Tauchgebiet Brodten Riff

Etwas weiter draußen – rund 2 km vom Ufer – liegt das Brodten Riff. Um es zu erreichen, braucht man allerdings ein Boot. Gekennzeichnet ist das Riff durch eine Untiefentonne. Die Wassertiefe liegt hier bei 10 m. Das Riff selbst besteht aus riesigen, aufeinander liegenden Steinen. Sie bilden eine Art 5 m hohen Wall unter Wasser. Dieser Wall ist an allen Seiten üppig mit Muscheln bewachsen.

Flora und Fauna

Zwischendurch erstrecken sich ausgedehnte Seegraswiesen. Riffbarsche – oder Lippfische – sind hier das ganze Jahr über anzutreffen. Besonders im Frühjahr geben sich hier die Seehasen ein Stelldichein.

Tauchgebiet Sierksdorf

Ein weiteres Tauchgebiet ist Sierksdorf, das praktisch schon im Ausgang der Neustädter Bucht liegt.

Der Einstieg erfolgt unweit des Leuchtturmes Pelzerhaken. In der Nähe der rotweißen Tonne befindet sich eine kleine Steilküste mit üppigen Seegraswiesen in einer Tiefe von 6 m bis 7 m.
Hier zu tauchen lohnt allerdings nur bei ablandigem Wind, dann hat man beste Sicht. Bei auflandigem Wind ist sie hingegen gleich »null«.

Tauchgebiet Schwarzer Grund

Auf halbem Weg zwischen Neustadt und Fehmarn liegt Dahmeshöved und der »Schwarze Grund«.

Einstieg

Der »Schwarze Grund« ist eine Untiefe, die sich wie ein Finger vom Leuchtfeuer aus in die Ostsee erstreckt. Das Ende des »Grundes« ist durch eine Tonne markiert. Zwischen Leuchtturm und Tonne haben wir in diesem Bereich eine Wassertiefe von nicht einmal 5 m. Um den »Finger« herum liegt die Tiefe bei 10 m bis 11 m. Der Untergrund ist – wie in weiten Teilen der Lübecker Bucht – sehr steinig und ähnelt dem bei Brodten Riff.

Zu erkennen ist der Parkplatz am Strand. Im Hintergrund der Leuchtturm. Vom Strand aus erstreckt sich ein Flachwasserbereich bis zur Tonne.

Flora und Fauna

Auf den hier noch intakten Miesmuschelbänken haben sich bis zu 70 Lebensarten angesiedelt.

Tauchgebiet Walkyrien Grund

Dieses Tauchgebiet ist ebenfalls nur mit dem Boot von Heiligenhafen, Grömitz oder Neustadt zu erreichen. Der »Walkyrien Grund« liegt drei Seemeilen vor Grömitz.

Wrack

Der Grund erhebt sich wie ein Plateau aus 22 m Tiefe. Das Plateau selbst ist stellenweise nur noch 6 m unter der Wasseroberfläche. Auf diesem Plateau liegen die Reste – Stahl und Holzteile – eines Wracks wahrscheinlich der Kaiserlichen Deutschen Marine. Welches Schiff hier wann unterging, weiß heute niemand mehr. Auf den offiziellen Karten ist zwar die Untiefe, nicht aber das Wrack vermerkt. Beliebt ist der Grund, weil Taucher hier immer wieder »fündig« werden. Jegliche Funde sollten aber bitte unberührt dort belassen werden.

Besonders wenn die alten Segler den Neustädter Hafen ansteuern, bekommt er seine romantisch-beschauliche Ausstrahlung.

Das gesamte Tauchgebiet vom Anleger entlang des Strandes und der Mole bis zur Hafeneinfahrt

Tauchgebiet Großenbrode

Bekannt geworden ist Großenbrode am Ausgang der Lübecker Bucht als Fährhafen für die Dänemark-Fähren, bevor die Fehmarnsund-Brücke errichtet wurde. Heute fristet Großenbrode ein eher bescheidenes Dasein abseits der Vogelfluglinie.

Interessant für Taucher ist die alte Spundwand, die dem Hafenbecken seinerzeit Schutz bei Ostwind bot. Im Laufe der Jahre haben die Ostsee und der Rost der Wand arg zugesetzt und Lücken gerissen. Tauchen kann man von Land aus entlang der Außenseite der Mole in einer Tiefe von noch nicht einmal 6 m. An der Ostmole aus Steinen liegt am südlichsten Punkt ein schönes Riff, das sich bis zum Eisenpfahl erstreckt.

Besondere Merkmale

Am Ende der Spundwand stehen zwei Tonnen, die die Hafeneinfahrt markieren. Das Fahrwasser zum Großenbroder Binnensee ist häufigen Änderungen unterworfen. Aus diesem Grund werden die Tonnen auch von Zeit zu Zeit versetzt. Orientieren sollte man sich deshalb lieber an der Spundwand als an den Tonnen, wenn man nicht in das Fahrwasser hineingeraten will. Der Untergrund ist angenehm sauber und fest.

Zwischen den Tonnen Großenbrode 1 und 3 sollen noch die Reste eines kleinen Fischerbootes liegen.

Sicherheitshinweis

Achtung: Nicht ins Fahrwasser tauchen, da hier zeitweise reger Schiffsverkehr herrscht.

Wracktauchen: Deutschland

Schiffsname	*Deutschland*
Wrackname	*Deutschland, Lotsenkommodore Krause, Brunsbüttel*
Wrack-Nr.	nicht bekannt
Position	54 3.450'N 10 48.320'E
Schiffstyp	Passagierdampfer + Lotsenboot + Fischdampfer + Räumboot (mehrere Wracks übereinander!)
Lage	Neustädter Bucht, vor Sirksdorf
Abfahrt von	Neustadt
Fahrtzeit	ca. 20 min
Tiefe	Grund 18 m Oberkante 14 m

Historisches

Wir waren immer der Überzeugung, dass sich auf dieser Position das Wrack der *Deutschland* befindet. Eine Menge anderer Leute meinen, hier läge der *Lotsenkommodore Krause*. Alle haben Recht. Die Überreste beider Wracks liegen hier, schön sauber übereinander gestapelt. Später soll die Marine hier zu Übungszwecken ein altes Räumboot versenkt haben. Das müssen die hölzernen Wrackteile sein, auf die wir bei zahlreichen Tauchgängen stießen. Aber damit noch nicht genug im »Neustadt-Puzzle«. Ein kompletter, später teilweise abgebrochener Fischdampfer soll sich unter den Wrackresten befinden: die *Brunsbüttel*. Auf diese Weise fänden die Überreste eines kleineren Kessels, den wir schon vor ein paar Jahren an diesem Tauchplatz entdeckten, eine sinnvolle Erklärung. Auch die von uns gefundene große Kurrleinentrommel weist auf ein größeres Fischereifahrzeug hin.

Das bekannteste Wrack auf dieser Position ist mit Sicherheit das der *Deutschland*. Der 21 046 Bruttoregistertonnen große HAPAG-Dampfer *Deutschland* war ein Flüchtlingsschiff, genau wie die tragisch mit 9343 Menschen verloren gegangene *Wilhelm Gustloff*. Die *Deutschland* brachte, im Rahmen der größten Rettungsaktion der Menschheitsgeschichte, in sieben Transporten 69 379 Menschen über die Ostsee in Sicherheit.

Dringend reparaturbedürftig, wurde das Schiff am 13. April 1945 in die Neustädter Bucht verlegt. Es sollte zum Lazarettschiff umge-

Sicherheitshinweis

In den Sommermonaten ist auf den regen Bootsverkehr in der Neustädter Bucht zu achten. Ein großes Tauchboot mit einem Skipper, der allzu unaufmerksame Freizeitkapitäne verscheucht, ist vorteilhaft. Nehmen Sie ein SMB auf den Tauchgang mit, um beim Verfehlen der Wrackboje andere Wassersportler auf sich aufmerksam machen zu können.

Hohe Bordwände mit sehr groß dimensionierten Nieten – unserer Meinung nach Teile der *Deutschland*, des größten und ältesten Wracks auf dieser Position

rüstet werden. Nachdem man einen der Schornsteine mit einem weißen Lazarettschiffsanstrich und dem dazugehörigen roten Kreuz versehen hatte, wurde die ganze Aktion überraschend abgebrochen. Es wurde Kapitän Steinke und seiner Besatzung auf Rückfrage mitgeteilt, dass die *Deutschland*, so wie die *Cap Arcona* und der Frachter *Thielbeck*, zur Aufnahme von KZ-Häftlingen vorgesehen war.

Am 3. Mai 1945 war die *Deutschland*, im Gegensatz zur ebenfalls in der Neustädter Bucht liegenden *Cap Arcona* und des Frachters *Thielbeck*, noch nicht mit Häftlingen beladen worden. Man glaubte auch nicht mehr daran, da die Engländer schon kurz vor Neustadt standen.

Kurz nach 12 Uhr mittags wurde das Schiff von einer Typhoon im Sturzflug aus den Wolken heraus mit vier Raketen angegriffen. Im Abdrehen sah Staffelkapitän D.L. Stevenson den weißen Schornstein mit dem roten Kreuz und ließ den Angriff seiner aus vier Maschinen dieses Typs bestehenden Staffel abbrechen. Die von den Raketen verursachten Schäden ließen sich mit Bordmitteln beheben. Die beiden anderen Schiffe in der Neustädter Bucht, die *Cap Arcona* und die *Thielbeck*, hatten nicht diese Gnadenfrist. Mit ihren insgesamt 72 neu entwickelten »Todesraketen«, bestückt

Runde Kopfteile und jede Menge Rohre – wahrscheinlich die Überreste eines Dampfkessels. Allerdings ist dieser viel zu klein, um zur *Deutschland* zu gehören. Zu einem kleinen Fischdampfer könnte er aber passen. Handelt es sich um den Kessel der *Brunsbüttel*? Aber auch die *Lotsenkommodore Krause* hatte einen Dampfantrieb und mit 40 m auch die passende Länge.

mit 65-Pfünder-Gefechtsköpfen und ihren Geschossgarben aus den Bordkanonen, brachten die britischen Typhoons fast 10 000 Menschen den Tod, eine Katastrophe, die in der Seefahrtgeschichte ohne Beispiel ist.

Die völlig unbewaffnete *Deutschland* hatte inzwischen weiße Fahnen gesetzt. Gegen 16 Uhr traf eine neue Staffel mit neun Typhoons an der Neustädter Bucht ein. Die *Cap Arcona* brannte lichterloh, die *Thielbeck* war bereits gesunken. So entschloss sich Staffelkapitän Rumbold, den vor Sierksdorf/Haffkrug liegenden Dampfer *Deutschland* anzugreifen. Das Schiff geriet dabei in Brand, sank jedoch nicht.

Nach dem Bombenangriff wendete man sich Zielen zu, die im Tiefflug mit Bordwaffen wirkungsvoll bekämpft werden konnten. Dazu zählten die Boote der Kriegsmarine, die versuchten, die im Wasser treibenden Schiffbrüchigen der *Cap Arcona* und der *Thielbeck* zu retten. Dabei wurden viele der über tausend Kopf an Kopf im Wasser treibenden Menschen durch die Bordgeschütze der Flugzeuge getötet.

Eine zweite Staffel unter der Leitung von Staffelkapitän Harding raste heran und verwandelte die *Deutschland* mit schweren Bombentreffern in ein brennendes Wrack.

Fünf Stunden nach dem zweiten Angriff kenterte die 197 m lange und 24 m breite *Deutschland* und sank. Wie durch ein Wunder waren unter der Besatzung der *Deutschland* keine Todesopfer zu beklagen.

Überblick

Zunächst muss man feststellen, dass sich an diesem Tauchplatz mehrere Wracks befinden. Die *Deutschland* ist jedoch das größte und auch das älteste Wrack auf dieser Position. Bei dieser Wrackfundstelle handelt es sich um ein Areal mit ca. 350 m Länge und etwa 90 m Breite.

Ein komplettes Schiff ist auf dem gesamten Tauchplatz nicht mehr zu erkennen, vielmehr handelt es sich um Überreste in Form von vereinzelten stählernen Bordwänden, einer hölzernen, kraweelbeplankten Bodenplatte, den Resten eines kleinen Kessels und vieler anderer maritimer Gegenstände.

Die größten Wrackteile findet man in der Nähe der Tiefenlinie, einem steilen Übergang von 13 auf 18 m Wassertiefe.

Hier stehen Bordwände, die aufgrund ihrer riesigen Nieten eigentlich nur von der *Deutschland* übrig geblieben sein können. Auch die hölzerne Bodenplatte, die mit hoher Wahrscheinlichkeit von dem in den fünfziger Jahren an dieser Stelle zu Übungszwecken versenkten Räumboot stammt, finden Sie an dieser Stelle.

Tipps für Fotografen

Lassen Sie die skurrilen Formen der Wrackteile, die Farbtöne des Rostes und des verfallenen Holzes wirken. Machen Sie sich von dem Gedanken frei, ein »untergegangenes Schiff« ablichten zu wollen. Spielen Sie mit den Lichtstimmungen, die aufgrund der geringen Wassertiefe hier immer wieder entstehen. Verwenden Sie eine möglichst kurze Brennweite. Makrofotografen werden besonders im Frühjahr fündig werden. Für die Seehasen verwendet man ein 50er oder 60er Makroobjektiv, für die nächtliche Aalquappenpirsch eignet sich eine 90er oder 105er Brennweite.

Flora und Fauna

Das Wrack ist nicht übermäßig dicht bewachsen. Trotzdem findet man relativ viel Leben an diesem Wrack. Im Frühjahr werden Sie Seehasen, die zu dieser Zeit ihr Gelege bewachen, beobachten können. Zahlreiche Seeskorpione liegen regungslos versteckt in Nischen und Winkeln des Wracks und warten auf Beute für ihre überdimensional großen Mäuler. Bei einem Nachttauchgang an diesem Ort wird man scheuen Aalquappen begegnen.

Besondere Merkmale

Auch wenn sich Ende des Zweiten Weltkrieges eine furchtbare Tragödie in der Neustädter Bucht abgespielt hat, ist das Tauchen an dieser Stelle keine fragwürdige Angelegenheit. Die *Deutschland* war noch nicht mit KZ-Häftlingen beladen, sodass beim Untergang keine Todesopfer zu beklagen waren. Nichtdestotrotz sollte man in Erinnerung behalten, was sich in Sichtweite zu die-

In einer Umgebung, die wie ein kleiner Laderaum aussieht, steht dieses merkwürdige Ding herum. Es sieht aus wie eine im Boden steckende LKW-Achse, ist aber keine ... Um alle Rätsel dieser riesigen Wrackfundstelle zu lösen, würde man vermutlich Jahrzehnte brauchen.

ser Position auf den Schiffen *Cap Arcona* und *Thielbeck* an Unfassbarem abgespielt hat.

Mit einer maximalen Tiefe von 18 m zählt die *Deutschland* zu den relativ einfach zu betauchenden Wracks. Innenräume in denen man sich »vertauchen« könnte, gibt es nicht mehr.

Bedingt durch die Weitläufigkeit der Tauchstelle kann es leicht passieren, dass man seine Wrackboje nicht wiederfindet und frei auftauchen muss.

Durch die Weitläufigkeit des Tauchgebietes lohnt sich der Einsatz eines Scooters, um den eigenen Aktionsradius zu erhöhen. An dieser Position können Sie auf diese Weise mit Sicherheit Stellen finden, die vor Ihnen nur ganz wenige Menschen gesehen haben.

Wracktauchen: Cap Arcona

Schiffsname	*Cap Arcona*
Wrackname	*Cap Arcona*
Wrack-Nr.	nicht bekannt
Position	54° 03.950'N 10° 50.650'E
Schiffstyp	Passagierdampfer
Lage	Neustädter Bucht, vor Sierksdorf
Abfahrt von	Neustadt
Fahrtzeit	ca. 20 min
Tiefe	Grund 18 m

Sicherheitshinweis

Das Wrack, wenn man es überhaupt als solches bezeichnen will, ist einfach zu betauchen. Die einzige Gefahr droht Ihnen von den eventuell unachtsamen Freizeitskippern.

Historisches

An dieser Stelle ging am 3. Mai 1945 das gleichnamige Schiff durch einen Angriff britischer Jagdbomber unter. An Bord des 27561 Bruttoregistertonnen großen Luxusdampfers *Cap Arcona* befanden sich rund 7500 Menschen, weitere 2800 auf der bei dem Angriff ebenfalls untergegangenen *Thielbeck* und 2000 auf der sie begleitenden *Athen*. Zum größten Teil waren es Häftlinge aus dem Konzentrationslager Neuengamme bei Hamburg. Heute erinnern Ehrenfriedhöfe und Mahnmale an die Tragödie jener Tage, bei der mindestens 8000 Menschen starben.

Überblick

Etwa 1,5 km vor dem Feriendorf Sierksdorf liegt ein Tauchgebiet, das allgemein als »Position Cap Arcona« bekannt ist. Die Bezeichnung geht auf eine Wracktonne mit der Aufschrift »Cap Arcona« zurück. Von der *Cap Arcona* selbst ist heute fast nichts mehr zu finden. Das Wrack ragte, auf der Seite liegend, nach dem Untergang mit den obersten Aufbauten noch aus dem Wasser. In der »wilden Schrottzeit« der ersten Nachkriegsjahre wurde die *Cap Arcona* systematisch zerlegt und abgeborgen. Nur noch einige Bodenteile liegen verstreut auf dem Grund.

Tipps für Fotografen

Sie können Ihre Kamera getrost an Bord lassen.

Flora und Fauna

Die vereinzelt liegenden Bodenteile sind spärlich bewachsen.

Besondere Merkmale

Das Tauchen an dieser Gedenkstätte ist nicht unumstritten. Wenn getaucht wird, sollte nichts geborgen werden. Das gilt nicht nur für Gerät, sondern vor allem für Schädel und menschliche Überreste. Sie sollten in jedem Fall auf dem Meeresgrund bleiben. Bei einigen Teilen (so den Resten eines Rettungsbootes) liegen Eigentumsansprüche vor. Zuwiderhandlungen können eine Anzeige nach sich ziehen.

Wracktauchen: Holstentor

Schiffsname	Holstentor
Wrackname	Holstentor, Comet
Wrack-Nr.	nicht bekannt
Position	54° 02.973'N 010° 47.876'E
Schiffstyp	Schnell laufendes Schiff mit Spiegelheck
Lage	Neustädter Bucht
Abfahrt von	Neustadt
Fahrtzeit	10 min
Tiefe	Grund 15 m
	Oberkante 12 m

Historisches

Die *Holstentor* wurde im Zweiten Weltkrieg als Flugsicherungsboot eingesetzt. Nach dem Krieg lief sie als Ausflugsboot.

Der Vordersteven des Wracks ist gut erhalten.

Unterwasserfilmer am Wrack

Später wurde sie in der Neustädter Bucht durch Versenkung entsorgt. Die Aufbauten sollen Gerüchten zu Folge auf ein neueres Ausflugsboot, das auch heute noch in Betrieb ist, umgesetzt worden sein. Dies würde auch den radikalen Kahlschlag auf dem Wrack erklären. Wirklich alles Verwertbare wurde vor der Versenkung von diesem Schiff entfernt.

Sicherheitshinweis

In den Sommermonaten herrscht reger Bootsverkehr in der Neustädter Bucht. Ein Skipper, der allzu neugierige Freizeitkapitäne fern hält, und eine Reel mit SMB für den Aufstieg sind dann nützlich. Hier können Sie den Einsatz von Reel und SMB gefahrlos üben.

Überblick

Sie werden auf Ihrem Tauchgang einen völlig intakten, aber komplett leer geräumten Rumpf entdecken, der auf hellem Sandboden steht. Es handelt sich um einen karweelbeplankten Holzbau mit einem Spiegelheck von etwa 40 m Länge. Lediglich die Ruderanlage mit ihren zwei Ruderblättern ist noch vorhanden. Das Wrack hat keinerlei Aufbauten mehr. Teile der Reling liegen neben dem Wrack.

Flora und Fauna

Das Wrack ist hauptsächlich mit Miesmuscheln und Seescheiden bewachsen. Der Bewuchs ist somit eher »östlich«, da die für die westliche Ostsee so typischen Seenelken nahezu fehlen.

Besondere Merkmale

Die *Holstentor*, manche nennen sie auch *Comet*, ist ein sauberes, aufgeräumtes Wrack, bei dem einem nichts passieren kann. Durch ihre geringe Tiefe und ihre Übersichtlichkeit ist sie sehr einfach zu betauchen. Außerdem liegt sie gut in der Landabdeckung, lediglich bei kräftigen Nordwinden kann es hier etwas ungemütlich werden. Oft kommen Tauchschulen hierher, um Übungen abzuhalten. Ein ideales Wrack für Leute, die erst noch Wracktaucher werden wollen.

Tipps für Fotografen

Wrackfotografen kommen hier kaum auf ihre Kosten. Dazu ist das geplant versenkte Wrack einfach zu langweilig. Makrofotografen können hier fündig werden, da die marinen Lebensformen das Wrack dankbar als Hartboden angenommen haben.

Steil ragt das Spiegelheck der *Holstentor* vom Grund empor.

Tipps für Taucher

Service
Shop und Füllmöglichkeit bietet Barsch Tauchertreff.

Ausbildung
Geschult wird nach nach DIVA.

Adresse
Barsch Tauchertreff Lübeck, Gothlandstr. 13, 23558 Lübeck,
Tel.: 0451-47 83 40

Service
In Reinfeld finden Sie den Tauchshop Diver's Paradise von Werner Behrens und Bianca Pehmöller.

Ausbildung
Hier wird nach CMAS ausgebildet.

Adresse
Diver's Paradise, Werner Behrens und Bianca Pehmöller,
P.-v. Schoenaich Str. 40, 23858 Reinfeld, Tel.: 04533-20 45 87,
Fax: 04533-52 88, E-Mail: divers@gmx.com

Service
Direkt an der A1 – Abfahrt Seeretz, betreibt Ingo Behrens die Basis der Ostsee-Taucher in Bad Schwartau.

Ausbildung
Geschult wird nach CMSA.

Adresse
Ostsee-Taucher, Ingo Behrens, Kaltenhöfer Str. 85,
23611 Bad Schwartau, Tel.: 0451-233 58, Fax: 0451-23697
www.ostseetaucher-behrens.de
E-Mail: webmaster@ostseetaucher-behrens.de

Ausfahrten
In Neustadt liegt die *Saparua*, ein mit moderner Technik und 2 Schlauchbooten ausgestatteter Kutter.

Adresse
Der Seebär, Tauchbasis Seebär, Stefan Wulf, Zur Teerhofsinsel 10 a, 23554 Lübeck, Website: www.ts-seebaer.de

Tauchsicherheit

Ausrüstung für das Tauchen in der Ostsee

Dass man zum Tauchen eine spezielle Ausrüstung braucht, dürfte eigentlich jedem klar sein. Die zum Tauchen in der Nord- und Ostsee verwendete Ausrüstung unterscheidet sich jedoch etwas von der »normalen« Taucherausrüstung, mit der man zum Beispiel wunderschöne Tauchgänge im Mittelmeer oder in den Tropen unternehmen kann.

Kälteschutz

Wichtigste Voraussetzung für das Tauchen in kalten Gewässern wie der Ostsee ist ein wirksamer Kälteschutz. Eigentlich kommen hier nur noch Trocken- und Semitrockentauchanzüge in Frage, wobei man in der kalten Jahreszeit (November bis März) sogar nur noch mit den völlig wasserdichten Trockentauchanzügen auskommt.

Dass besonders in einem schwierigen Revier farbige Anzüge besser geeignet sind als solche in »Signalschwarz«, dürfte nicht nur erfahrenen Wracktauchern einleuchten.

Tarierhilfe

Wegen möglicher Defekte ist auch beim Tauchen mit Trockentauchanzügen, mit denen man eigentlich ohne weitere Tarierhilfe auskommen könnte, die Verwendung eines Jackets oder einer Rettungsweste dringend anzuraten, und das nicht nur beim Wracktauchen.

Die Besonderheiten dieses Tauchreviers, wie Strömungen oder eventuell wetterbedingt schlechte Sichtverhältnisse über Wasser, müssen sich auch in der Farbgestaltung des Jackets und der übrigen Ausrüstung niederschlagen. So können wir zum Beispiel überhaupt nicht verstehen, dass viele Taucher in Unkenntnis der Gefahren ausgerechnet schwarze Jackets kaufen. Laut Auskunft einiger Hersteller verlangen Kunden häufig nach einem derartigen Design, »weil es militärisch und damit professioneller aussieht«. Nun gut, Sie müssen selbst entscheiden, ob Sie sich beim Tauchen feindlichem Beschuss entziehen müssen oder im Zweifelsfall lieber gefunden werden wollen ...

Tragen Sie unbedingt Sorge dafür, dass Sie von See her und aus der Luft gut gesehen werden können!

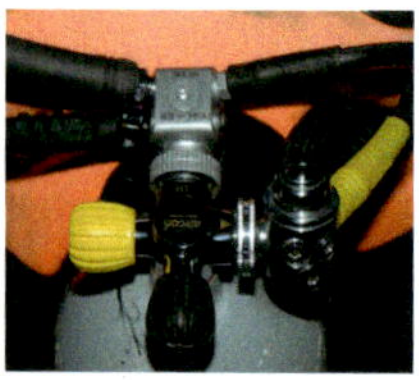

Im Kaltwasser wichtig: Flaschenventil mit doppeltem Abgang und zwei Regler mit jeweils einer ersten Stufe. Halten Sie bei der Farbgebung Disziplin: Alles, was gelb ist, dient für den Notfall und darf vom Partner nicht zugedreht werden. Machen Sie diesbezüglich mit Ihrem Partner vor jedem Tauchgang ein Briefing.

Mit dem schwarzen Schieber zwischen Schlauch und den Rippen des Wärmetauschers der zweiten Stufe lässt sich die Luftzufuhr blockieren. Eine vereiste zweite Stufe kann damit zuverlässig

Atemregler

Ab einer Wassertemperatur von etwa 4 °C und darunter beginnt die Gefahr einer Vereisung der Atemregler. Eine solche Vereisung äußert sich durch unkontrollierbares Luftabblasen des betroffenen Reglers.

Alle in kalten Gewässern beim Wracktauchen eingesetzten Atemregler müssen nach heutigem Stand der Technik vereisungssicher sein. Ich schreibe bewusst »Stand der Technik«, da es bislang keine hundertprozentig vereisungssicheren Atemregler gibt. Aus diesem Grund verwenden wir stets einen kompletten zweiten Atemregler (erste plus zweite Stufe!) an unserem Tauchgerät. Damit es sich wirklich um zwei getrennte Systeme handelt, die sich beim Versagen eines Systems durch Vereisung einzeln schließen lassen, gehört ein Ventil mit zwei voneinander unabhängigen Ausgängen auf die Tauchflasche. So ausgerüstet, kann man ohne allzu großen Luftverlust den vereisten Regler zudrehen (wozu hat man denn seinen Tauchpartner ...) und mit dem verbliebenen Regler den Tauchgang beenden.

Dass man bei drohender Vereisungsgefahr einen größeren Luftvorrat mitnehmen sollte als bei einem vergleichbaren Tauchgang in wärmeren Gewässern, versteht sich von selbst, da bei der enormen Luftlieferleistung moderner Automaten eine Flasche bei Vereisung in nur wenigen Minuten leer geblasen sein kann. Sie sollten sich bewusst machen, dass Sie aus einem vereisten Regler notfalls einfach weiteratmen können, um z.B. zum Tauchpartner zu gelangen oder einen Notaufstieg durchzuführen. Sie müssen allerdings damit rechnen, dass Sie durch die viele eiskalte Luft anschließend grauenhafte Zahnschmerzen bekommen.

Grundsätzlich kann bei einem Atemregler sowohl die erste als auch die zweite Stufe vereisen. Wenn nur die zweite Stufe vereist, können Sie sich mit einem sinnvollen Zubehör der britischen Firma Apeks sehr leicht selbst helfen. Ein FCD (Free Float Controll Device), zwischen zweiter Stufe und Mitteldruckschlauch eingebaut, blockiert den Luftstrom und der Regler kann in Ruhe wieder auftauen.

Sollte doch die erste Stufe Ihres Reglers vereist sein, sorgt dann das zum FCD gehörige Überdruckventil dafür, dass der Mitteldruckschlauch nicht bersten kann. In diesem Fall muss dann doch das zugehörige Flaschenventil geschlossen werden, um die komplette Entleerung der Tauchflasche zu verhindern.

Bei Tech- und Wracktauchern haben sich Regler von Apeks und Poseidon durchgesetzt. Die positiven Erfahrungen, die auch ich mit diesen beiden Herstellern gemacht habe, lassen diese Festlegung als richtig erscheinen.
Sehr wichtig ist, dass Sie in diesem Zusammenhang erkennen, dass der Ersatzautomat keinesfalls der abgelegte Regler von ihren Rotmeerabenteuern sein darf. Der zweite Regler ist unter ungünstigsten Umständen eventuell Ihre oder Ihres Tauchpartners allerletzte Chance. Er muss daher Ihrem ersten Regler absolut ebenbürtig sein! Am Ersatzregler zu sparen ist, als würde man am Airbag sparen!
Mein persönlicher Favorit als zweiter Regler ist der schwedische Poseidon Cyclon 5000. Er hat den unschlagbaren Vorteil, dass es fast völlig egal ist, in welcher Position man das Mundstück erwischt, der alte Schwede funktioniert einfach immer. Wer schon einmal einen panischen Taucher, dessen beide Regler direkt nacheinander vereist waren, am zweiten Automaten an die Oberfläche gebracht hat, weiß diese Eigenschaft zu schätzen.
Dem Mitteldruckschlauch des Ersatzreglers sollte auch besondere Aufmerksamkeit geschenkt werden. Er sollte unbedingt länger als normal sein, damit Sie noch etwas Bewegungsfreiheit haben, wenn Ihr Tauchpartner ihren »Zweiten« benötigt.

Beim Poseidon 5000 Cyclon ist es völlig egal, ob man ihn von links oder von rechts zu fassen bekommt. Dadurch ist er der ultimative Notfallautomat. Außerdem ist er natürlich auch bestens kaltwassertauglich.

Oktopus ist keine Alternative

Als Oktopus bezeichnet man die Kombination aus einer ersten und zwei zweiten Reglerstufen. Was in warmen Gewässern einen gewissen Schutz darstellt, ist bei Wracktauchgängen in der kalten Ostsee völlig unzureichend. Sie eignet sich höchstens dazu, flachere Tauchgänge vom Strand aus zu unternehmen.
Der Grund liegt in der zu erwartenden Überlastung der ersten Stufe, wenn in einer Notsituation ein zweiter Taucher mit am System hängt. Sie können mit einem Oktopussystem weder einem Taucher mit Vereisungsproblemen Hilfe leisten, ohne selbst in Schwierigkeiten zu geraten, noch können Sie bei eigener Vereisung Ihr Flaschenventil einfach zudrehen. Das heißt, Sie können es natürlich, haben dann aber keine Luft mehr ...
Fazit: Oktopussysteme haben in größerer Tiefe und bei Kälte in der Ostsee nichts zu suchen!

Schneidwerkzeuge

Wracks sind in ihrer Funktion als künstliche Riffe die reinste Oase in der übrigen Wasserwüste. Fische und auch ihre Jäger wissen das, und so sind viele Wracks übersät mit Fischereigeräten in Form von Netzen, Angelködern und Angelschnüren. An diesen Überbleibseln kann man als Taucher sehr leicht hängen bleiben. Aber selbst bei einfachen Strandtauchgängen sind in der Ostsee in den letzten Jahren schon Taucher in Stellnetzen ertrunken. Aus diesem Grund muss ein Ostseetaucher über ein wirklich sehr scharfes Schneidwerkzeug verfügen. Hierfür eignen sich sehr gute Tauchermesser und zusätzlich spezielle Scheren. Mit einer geeigneten Schere lassen sich Netze besser auftrennen als mit einem Tauchermesser. Das ausgewählte Schneidwerkzeug muss in jedem Fall geeignet sein, Polyesterleinen bis zu einem Durchmesser von 6 mm mühelos zu durchtrennen, dickere Leinen zersägt man dann besser mit dem Tauchermesser. Sie tun gut daran, Ihr Messer und auch die Schere oder den Seitenschneider schon vor einem Taucheinsatz auf ihre Eignung hin zu testen.

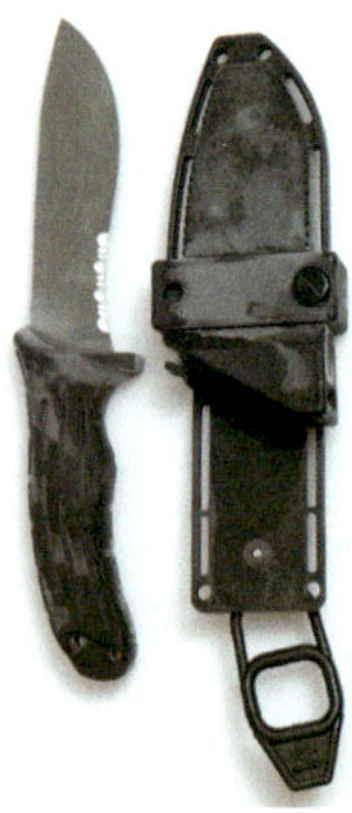

Nach dem Kältetest bei –25 °C ist lediglich Raureif zu sehen. Ansonsten bleibt das Böker Orca völlig unbeeindruckt. Die Kunststoffteile bleiben schlagzäh, und selbst die Gummischlaufe zur zusätzlichen Sicherung des Messers bleibt elastisch.

Billigmesser haben beim Kaltwassertauchen absolut nichts zu suchen. Selbst einige der teureren Modelle habe ich bei winterlichen Temperaturen schon verloren, weil die Kunststoffscheide nicht kältefest war und einfach zersprungen ist. In gut sortierten Tauchshops werden mittlerweile auch spezielle, für den Taucheinsatz gedachte Scheren angeboten. Aus korrosionsbeständigem Material gefertigt, reicht es bei diesen Werkzeugen genau wie bei Tauchermessern völlig aus, wenn man sie als einzige Pflegemaßnahme vor dem Tauchen dick mit technischer Vaseline einsprüht und sie dann die ganze Saison in der mitgelieferten Befestigungsvorrichtung lässt. Zum Thema Messer sei noch bemerkt, dass die Klingen, die nicht so ganz rostfrei sind, meist die schärferen sind. Auch hier hilft der einfache Trick mit der Vaseline.
Ein Schneidwerkzeug nützt Ihnen übrigens herzlich wenig, wenn sich das Netz ausgerechnet daran verfängt. Aus diesem Grund haben Sie am besten beides dabei, Schere und Messer, an unterschiedlichen Stellen montiert.

Licht

Hat man vor, nicht nur bei, sondern auch in einem Wrack zu tauchen, gehören gute Unterwasserlampen unbedingt mit zur Ausrüstung. Der Wracktaucher sollte dann am besten über einen starken, aber handlichen Handscheinwerfer (20–50 Watt) sowie über eine Unterwasser-Taschenlampe als Notlicht verfügen. Achten Sie beim Kauf von Handscheinwerfern darauf, dass sie über eine doppelte O-Ringdichtung verfügen. Diese zusätzliche Sicherheit verlängert nicht nur die Lebensdauer Ihrer Lampe, sie kann auch lebensrettend sein, weil die Lampe eben nicht im unpassendsten Moment versagt, nur weil sich ein Schmutzpartikel auf dem O-Ring festgesetzt hat. Lampen mit einem eng gebündelten Lichtkegel sind geeigneter als Breitstrahler. Je dunkler Ihre Umgebung ist, desto schwächer sollte Ihre Lampe sein, damit Ihre Augen nicht blind für das Geschehen außerhalb des Lichtkegels der Lampe werden (Eigenblendung).

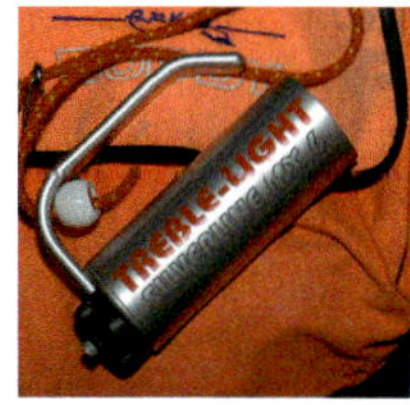

Die Treblelight MX 6 ist ein derart kompakter Handscheinwerfer, dass er sogar in einer geräumigen Jackett-tasche Platz findet. Dabei leistet er 20 W und das auch noch eine Stunde lang. Eine hervorragende Backuplampe, die auch das Fluggepäck bei der Tropenreise nicht zu sehr belastet.

Sehr gut bewährt haben sich auch, abgeschaut von den Höhlentauchern, Unterwasser-Taschenlampen, jeweils rechts und links an einen Kajakhelm montiert. So hat man automatisch immer dort Licht, wohin man sieht, und obendrein bleiben die Hände frei. Dies ist ein riesiger Vorteil beim Fotografieren und bei anderen Unterwasserarbeiten. Mittlerweile werden auch spezielle Helme für Höhlentaucher angeboten, sie sind recht teuer und auch nicht besser als ein billiger Kajakhelm. Die an einen Helm montierten Lampen müssen sich unbedingt unter Wasser ein- und ausschalten lassen, da sonst Kommunikationsprobleme mit dem Tauchpartner, hervorgerufen durch Blendung, auftreten können. Der Helm hat auch den nicht zu unterschätzenden Nebeneffekt, dass beim Anbordgehen der Kopf gut gegen Anstoßen an die Bordwand, die Bootsleiter oder die Flaschen der Tauchpartner geschützt ist.

Doppelt hält besser: Bei Handscheinwerfer ist es sehr wichtig, dass sie eine doppelte O-Ring-Dichtung aufweisen.

Besonders bei hohen Lichtleistungen von mehr als 50 Watt haben sich Lampen mit getrenntem Akkutank bewährt. Der Akkutank des von uns verwendeten AL-Sets der Firma DEV-Pein wird seitlich an der Flasche befestigt, die handliche Lampeneinheit wird mit einer leichten Sicherungsleine am Jacket befestigt. So kann man sie bei Bedarf einfach loslassen, hat die Hände frei und findet seine Lampe sofort wieder, da sie griffbereit an ihrer Leine baumelt.

Ein einfacher Kajakhelm mit zwei wasserdichten Taschenlampen hat sich bei Unterwasserarbeiten bewährt.

Leinen

Genauso wichtig wie gutes Licht ist bei Tauchgängen in einem Wrack eine Sicherungsleine mit zwei Karabinern, um den Rückweg aus dem Wrack zu finden, denn schon ein unbedachter Flos-

Bei hohen Lichtleistungen von mehr als 50 W haben sich Lampen mit getrenntem Akkutank bewährt.

senschlag kann so viel Sediment aufwirbeln, dass völlige Orientierungslosigkeit die Folge ist. Bedenken Sie auch, dass ein Wrack in den seltensten Fällen auf ebenem Kiel steht, sondern meist auf der Seite oder gar überkopf liegt. Dies erschwert die Orientierung noch zusätzlich. Hier leistet auch die Reel als Sicherungsleine gute Dienste.

Signalkugeln

Ein wichtiges Gerät für den Notfall ist auch eine Abschussvorrichtung für Signalkugeln. Neben den roten Signalkugeln sollte man wenigstens eine weiße Kugel bei sich führen, da man aus einem kurzzeitig »außer Sicht geraten« nicht sofort einen größeren Seenotfall machen muss. (Später dann allerdings schon ...)
Entgegen den Aussagen einiger Hersteller ist die Signalmunition nicht dauerhaft gegen Wasserschäden beim Tauchen geschützt. Es empfiehlt sich hierfür die gleiche »Versiegelungsmaßnahme« wie bei der Gartenschere. Noch besser ist es, Abschussvorrichtung und Munition in einem wasserdichten Behälter zu verstauen.

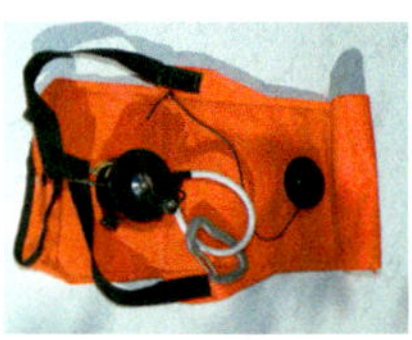

Zusammengerollt passt die SMB gemeinsam mit der kleinen Reel von AP-Valves in fast jede Jackettasche.

SMB und Reel

Besonders ans Herz legen möchte ich Ihnen bei dieser Gelegenheit noch eine große, orangefarbene, aufblasbare Signalboje, die sie, kombiniert mit einer Reel, immer in Ihrem Jacket mitführen sollten. Eine solche Boje erleichtert der Bootscrew das Auffinden abgetriebener Taucher ganz ungemein. Bei der Farbe dieser Boje sollten Sie sich keine Kompromisse einreden lassen, Orange ist und bleibt die beste Farbe, wenn man auf See gefunden werden möchte. Die geeigneten Bojen sind nach unten offen, damit sie beim Aufstieg an einer Reel nicht platzen können, und mit Bleigewichten versehen, damit sie an der Wasseroberfläche selbstständig aufrecht stehen. Noch eine Klasse besser sind Bojen, die unten selbstschließend und mit einem Überdruckventil versehen sind. Aus gutem Grund ist zum Beispiel in England bei der Durchführung von sog. Drifttauchgängen die Verwendung einer an der Wasseroberfläche treibenden Boje gesetzlich vorgeschrieben. Diese Boje, kurz SMB genannt, wird hierzu am besten mit einer so genannten Reel, einer Trommel mit mindestens 50 m einer festen Leine kombiniert. Mit der Reel kann man die erforderliche Leinenlänge auf die jeweilige Tauchtiefe abstimmen. Der Skipper kann der SMB folgen und die Taucher nach Beendigung des Tauchgangs

wieder an Bord nehmen. Machen Sie es genauso wie die äußerst erfahrenen britischen Taucher – zu Ihrer eigenen Sicherheit.
Bedenken Sie immer, dass jeder Wracktauchgang sehr schnell zum Drifttauchgang ausarten kann, wenn man seine Bojenleine nicht mehr wiederfindet. Daher ist es bei vielen Wracks erforderlich, die Kombination aus Reel und SMB mitzuführen. Findet man die Bojenleine nicht wieder und muss frei auftauchen, sucht man sich einen geeigneten Platz am Wrack, nach Möglichkeit eine Stelle, wo man sich festhalten kann, tariert sich möglichst schwer und lässt etwas Luft aus der Luftdusche des zweiten Automaten in das unten offene SMB einströmen. Es wird sich aufrichten und merklich nach oben ziehen. Betätigen Sie die Entriegelung der Reel und halten Sie sich möglichst am Wrack fest, da das SMB durch den Auftrieb der sich ausdehnenden Luft wie ein Feuerwerkskörper nach oben rast und dabei Kräfte wie ein kleiner Hebesack entwickelt! Wenn Ihre in der Hand tobende Reel zur Ruhe gekommen ist und die Boje oben treibt, geben Sie etwas Zug auf die Leine, indem Sie sich beim Aufstieg etwas schwerer als neutral tarieren und die Leine mit der Reel einspulen. So ist gewährleistet, dass die Boje wirklich aufrecht schwimmt und über eine große Entfernung zu erkennen ist.
Achtung Lebensgefahr: Achten Sie immer darauf, dass die Leine Ihrer Reel ordentlich und straff aufgespult ist (Sicherheitscheck vor dem Tauchgang!). Fahrlässigkeiten in diesem Punkt können zum Blockieren der Reel beim Hochschießen der Boje führen. Durch die enormen Kräfte einer zur Wasseroberfläche rasenden SMB kann dies zu einem schweren Tauchunfall führen. Aus diesem Grund dürfen Sie auch niemals die Reel an sich selbst oder an Ihrer Ausrüstung befestigen, während die SMB aufsteigt. Im Notfall müssen Sie die Reel samt SMB jederzeit loslassen können! Versuchen Sie niemals eine blockierende Reel bei aufsteigender SMB mit Gewalt festzuhalten, Sie laufen sonst Gefahr, mit nach oben gerissen zu werden!

Wickeln Sie die Leine immer straff auf Ihre Reel! Wenn die Leine Schlaufen bildet, können sie sich in der Mechanik der Reel verfangen, was zum Blockieren führen kann. Unfallgefahr!

SOS-Blitzgeräte

Ein SOS-Blitzgerät ist ein sinnvolles Tauchzubehör. Zum einen kann man sich mit dem Gerät nachts auf dem Wasser treibend sehr lange bemerkbar machen, zum anderen kann es auch zur Markierung der Bojenleine beim Wracktauchen dienen. In etwa 2 m Höhe über dem Grundgewicht an die Bojenleine montiert ist es ein weithin sichtbares Signal. Bei Nachttauchgängen von Land aus kann man mit ihnen auch die Einstiegsstelle unter Wasser markieren.

Kompass

Jeder Taucher hat während seiner Ausbildung (wenn es denn eine ordentliche war) die Handhabung eines Unterwasserkompasses gelernt. Wenn man an einem Stahlwrack taucht, gibt es da aber etwas zu beachten ... Meist funktioniert er nicht mehr zuverlässig. Ich muss gestehen, dass ich es mir abgewöhnt habe, ihn dorthin überhaupt noch mitzunehmen. Bei den Tauchgängen von Land aus sieht die Sache ganz anders aus. Er ist eine unentbehrliche Orientierungshilfe, die Ihnen hilft, die Einstiegsstelle wiederzufinden oder die Annäherung an Anlegestellen von Schiffen zu vermeiden. Allerdings müssen Sie wissen, dass Ihr Kompass in der Nähe von stählernen Spundwänden auch dazu neigt, zu spinnen!

Sicheres Tauchen

Sicheres Verhalten beim Wracktauchen

Nicht nur die geeigneten Geräte, sondern auch ein den besonderen Gegebenheiten beim Wracktauchen angepasstes Verhalten tragen dazu bei, Tauchunfälle zu verhindern.

Bojengeschirr

Sicherheit fängt schon bei der korrekten Handhabung des Bojengeschirrs an. In der Regel wird ein vom Tauchschiff geortetes Wrack mit einer Boje markiert. Für den Erfolg des Tauchganges ist es wichtig, dass das Bojengewicht auf oder aber wenigstens direkt neben dem Wrack aufschlägt. Bei den geringen Sichtweiten in der Ostsee oder vergleichbaren Gewässern kann man sich Fehlwürfe von zwanzig oder mehr Metern nicht leisten. Oft sind es auch die Taucher selbst, die sich die Chance, das Wrack zu finden und zu betauchen, zunichte machen, indem sie sich an der Bojenleine zum Wrack herunterzuziehen versuchen. Auf diese Weise haben es schon Tauchgruppen fertig gebracht, ein Grundgewicht um ca. 20 m zu versetzen. Ein freies Antauchen des Wracks von der Bojenleine oder vom Grundgewicht aus ist dann in der Regel

unmöglich. Der einzige beinahe sichere Erfolg ist der, dass man die Bojenleine nicht wiederfindet und nun als Belohnung im freien Wasser, im »Blindflug« auftauchen darf. Ohne SMB mit Reel kann es einem dabei passieren, dass man von der häufig sehr starken Strömung so weit versetzt wird, dass die Leute auf dem Basisschiff keine Chance mehr haben, so ein paar kleine auf dem Wasser treibende Punkte zu entdecken.
Da es bei Strömung fast unmöglich ist, nicht an der Bojenleine zu ziehen, muss das Bojengewicht wesentlich schwerer ausfallen, wenn man mit starker Strömung rechnen muss.

Suche vom Grundgewicht aus

Die einzige gefahrlose und realistische Weise, von einer verrissenen Boje aus das Wrack noch zu finden, bietet eine knapp über dem Grundgewicht eingeschäkelte Sicherungsleine, mit der man, das andere Ende fest in der Hand, einen Kreis um die Bojenleine schwimmt. Eine sinnvolle Leinenlänge liegt dabei bei ca. 30 m, wobei die Handhabung einer sehr langen Leine unter Wasser dem Ganzen eine natürliche Grenze setzt. Trifft man bei dieser Ehrenrunde auf das Wrack, befestigt man die Sicherungsleine am Wrack, schwimmt daran zurück und holt das Bojengewicht samt Bojenleine nach, denn die Boje, in der Regel mit einer Taucherflagge versehen, ist auch eine Warnmarke für vorbeifahrende Wasserfahrzeuge.

Lage des Grundgewichtes merken

So, nun ist die Boje beim Wrack, und die Erkundung des Wracks oder die Fotopirsch kann losgehen. Doch vergessen Sie nicht, sich die Stelle, an der das Bojengewicht liegt, genau einzuprägen. Werfen Sie dazu auch einen Blick auf Ihren Tiefenmesser und merken Sie sich in der Nähe liegende markante Wrackteile, denn Sie werden feststellen, dass Ihr Kompass auf einem großen Stahlwrack nicht mehr zuverlässig arbeitet. Bei Nachttauchgängen ist es sinnvoll, ca. 2 m über Grund bzw. »über Wrack« an der Bojenleine eine kleine Blitzlampe zu befestigen. Sie erleichtert das Wiederfinden der Leine bei der Rückkehr.

Fahrgeräusche von Schiffen

Kaum ein Nichttaucher kann sich vorstellen, wie beängstigend sich eine der riesigen Ostseefähren unter Wasser anhört. Mittlerweile kann ich die unterschiedlichen Schiffe an ihren Fahrgeräuschen erkennen. Tanker, Frachter, Kriegsschiff – alles halb so wild, aber bei einer großen Fähre glauben Sie manchmal, das Ding walzt genau über Sie hinweg. Stellen Sie sich gerade beim Wracktauchen seelisch auf erheblichen Lärm unter Wasser ein. Bleiben Sie ruhig und vor allem unten.

Sicheres Verhalten bei Strandtauchgängen

Tauchen bei Wellengang

Tauchen in der Ostsee ist auch immer eine Frage der Windrichtung und des Wellenganges. Die Windrichtung bestimmt, auf welchem Ufer der Förden oder Buchten man zwischen Flensburg und Lübeck tauchen kann. Richtig windgeschützte Ecken gibt es nur wenige. Damit sind wir bei den Wellen. Die Wellen in der Ostsee sind selten so hoch, dass eine direkte Verletzungsgefahr durch sie besteht. Wer aber bei hohem Wellengang mit Schaumkronen glaubt, unbedingt tauchen zu müssen, wird die Kraft der Wellen spätestens beim Ausstieg am Strand merken, wenn man etwas hilflos im hüfttiefen Wasser versucht, sich seiner Flossen zu entledigen, und von den Wellen immer wieder umgeworfen wird. Muschelkanten sind rasiermesserscharf und haben schon häufig zu tiefen Schnittwunden geführt. Die Strandwacht kann ein Lied davon singen. Auch ein Neoprenanzug kann sehr leicht ein Opfer dieser Schnitte werden.

Strömung

Und noch ein Wort zum »Strömungstauchen«. Ich möchte hier allerdings weniger auf diese sehr spezielle Art des Tauchens mit seinen eigenen Regeln eingehen. Nicht ohne Grund gibt es gesonderte Lehrgänge, wo dies geübt wird. In der Ostsee können auch bei augenscheinlich ruhiger See Unterströmungen auftreten, die man bei der Tauchgangsplanung nicht vorhersehen kann. Wird man während des Tauchganges von einer solchen Strömung erfasst und abgetrieben, erst einmal Ruhe bewahren! Panik nützt niemandem und schadet allen. Grundregel ist, nicht gegen die Strömung anzuschwimmen. Das kostet wertvolle Kraft und Luft.

Stattdessen sollte man versuchen, rechtwinklig aus der Strömung herauszuschwimmen. Kommt es ganz schlimm, muss man sich eben am Boden entlanghangeln.

Nachttauchgänge

Nachttauchgänge – oder der Dämmerungstauchgang in die Nacht – haben in der Ostsee ihren besonderen Reiz. Denn wie überall erschließt sich dem Taucher mit zunehmender Dunkelheit eine völlig neue Welt im engen Schein der Unterwasserlampe. Allerdings erfordern diese Tauchgänge ein besonderes Maß an Vorbereitung. Das fängt bei der Planung und der Ausrüstung an. Grundsätzlich gilt, dass man niemals in einem unbekannten Gebiet einen Nachttauchgang durchführen sollte. Das heißt, gegebenenfalls sollte man das Tauchgebiet während des Tages erkunden, sich Besonderheiten notieren. Dazu gehört zum Beispiel die Lage von Netzen und Reusen wie auch der Tonnen für die Seewege des Schiffsverkehrs. Je besser man das Revier kennt, desto weniger verliert man später die Orientierung. Dazu gehören aber auch Kenntnisse von Wellen und Strömung, Tiefe und Sicht.

Begegnungen der unheimlichen Art

Man kann nicht über das Wracktauchen in der Ostsee schreiben, ohne auf die Gefahren durch Altlasten zweier Weltkriege hinzuweisen. Bei militärischen Wracks ist es nicht unwahrscheinlich, auf Munitionsreste zu stoßen. Aber auch an den Strand kann etwas angeschwemmt werden.

Konventionelle Munition

Altlast in 30 m Wassertiefe. Diese Wasserbomben fanden wir an Deck des Wracks eines 1945 von einem britischen Flugzeug versenkten deutschen Schnellbootes. Wasserbomben sind mit 150 kg Hexogen als Sprengladung gefüllt. Der gleiche Stoff wird auch als Rattengift verwendet.

In und auch bei den Wracks in dem Gebiet, von dem dieses Buch handelt, liegen vor allem Reste von konventioneller Munition.
Für den Taucher muss absolut klar sein, dass auch schon das bloße Berühren solcher Gegenstände mit Lebensgefahr verbunden ist und daher unbedingt unterbleiben muss.
Die Betreiber der Tauchbasenschiffe melden solche Munitionsfunde den zuständigen Behörden, sodass davon ausgegangen werden kann, dass Wracks, die regelmäßig von Tauchschiffen angefahren werden, geräumt sind. Aber auch die Taucher von der Marine sind nur Menschen, und so ist es natürlich denkbar, dass etwas übersehen wurde. Also besteht kein Grund, leichtsinnig zu werden!

Giftgasmunition

Die von allen zu Recht so gefürchtete Gasmunition, von verantwortungslosen Leuten nach dem Zweiten Weltkrieg in den Meeren versenkt, wurde von uns noch nicht bei den Wracks aus dieser Gegend entdeckt. Der Hauptteil dieser Munition wurde in der Gegend von Bornholm versenkt, also weiter im Osten. Allerdings ist nicht die gesamte Ladung der Schiffe mit der tödlichen Fracht auch dort angekommen. Schiffsbesatzungen, die aufgrund schrottreifer Fahrzeuge keine Möglichkeit hatten, so weit zu fahren, haben einfach schon vorher »verklappt«. Den dienstverpflichteten Schiffsbesatzungen konnte man hierbei noch die geringsten Vorwürfe machen. Ihre Transportfahrzeuge waren größtenteils in einem derart desolaten Zustand, dass die Giftgasmunition, hätte man sie nicht vorher über Bord geworfen, auch schon lange vor dem Zielgebiet in der Ostsee gelandet wäre, nur eben samt Schiff.

Für Taucher, die eine Begegnung mit dieser Art von Munition haben sollten, gilt: Den Tauchgang bei dem verseuchten Wrack sofort abbrechen, nach der Rückkehr an Land den entsprechenden Stellen (Polizei, Marine) den Vorfall melden.

Verlassen Sie sich bei einem solchen Fund nicht auf den Schutz Ihres Taucheranzuges. Der Gummistiefel eines Fischers schützt seinen Träger bei Kontakt mit Giftgasresten etwa drei bis fünf Minuten. Länger hält ein Taucheranzug auch nicht!

Trotz dieser ernst zu nehmenden Warnhinweise lassen Sie sich bitte nicht das Tauchen und Baden in der Ostsee vermiesen. Wie schon angemerkt, haben wir bis heute noch keine Giftgasreste in dem hier beschrieben Gebiet bei oder in den Wracks gefunden.

Sie sind beim Tauchen bei den Wracks durch Giftgasmunition nicht mehr und nicht weniger gefährdet als der Erholungssuchende, der einen Strandspaziergang an der Ostsee macht oder darin badet!

Angst beim Tauchen

Dieses Thema wird merkwürdigerweise von allen Tauchern und auch den meisten Taucherzeitschriften gemieden oder einfach »heldenhaft verdrängt«. Da aber unserer Erfahrung nach die meisten Tauchunfälle im Kopf stattfinden oder zumindest hier ihren Ursprung nehmen, wollen wir uns an dieser Stelle mit der Angst beim Tauchen auseinander setzen.

Große Wassertiefen in dunklen Gewässern wie der Nordsee oder auch tiefen Binnenseen begünstigen das Aufkommen von Angstgefühlen. Beim Wracktauchen kommt noch das für viele unbekannte Phänomen, statt an einer massiven Fels- oder Riffwand nur mit einem dünnen Seil in der Hand abtauchen zu müssen, hinzu. Auch Strömung und vor allem die Kälte in größerer Tiefe tragen dazu bei, Sie als Taucher einzuschüchtern.

Unbestimmte Angst

Wir Menschen neigen dazu, uns vor dem »Unbestimmten«, vor dem, was wir nicht kennen, was nicht greifbar ist, zu fürchten. Meistens haben wir davor viel größere Angst als vor Dingen, die real gefährlich sind.

Fast jeder erfahrene Taucher kennt das unbestimmte Gefühl – dieses »Was in aller Welt tust du hier«-Gefühl, das sich einstellen kann, wenn man in großer Tiefe und unheimlichem Dämmerlicht eine Weile nicht gefordert ist, weil sich einfach nichts tut, was einen von seinen unterschwelligen Ängsten ablenkt. Besonders Fotografen kennen das Problem; solange man sich mit der Kamera beschäftigt, ist alles o.k., macht man eine »schöpferische Pause« und schwimmt unschlüssig herum, denkt man über seine eigenartige Situation nach und es wird einem mulmig ...

Diese unbestimmte Angst ist, und davon bin ich fest überzeugt, bei jedem Taucher latent vorhanden, nur die Schwelle, ab der sie zu einem echten Problem werden kann, ist bei jedem Menschen unterschiedlich.

Reale Angst

Ein ganz normaler Tauchgang kann plötzlich durch eine kleine Begebenheit in eine gefährliche Situation umschlagen. Da platzt ein Schlauch, man bleibt irgendwo hängen und glaubt sich nicht mehr befreien zu können, oder, ganz banal, man verliert einfach seine Maske, weil die Bebänderung gerissen ist. Ob aus einer Kleinigkeit ein Problem wird, hängt hier in erster Linie davon ab, wie man innerlich auf solche Situationen vorbereitet ist. Eine gute Ausbildung und ständiges Training helfen, Krisensituationen schon im Anfangsstadium zu entschärfen. Das dadurch gestärkte Selbstbewusstsein hilft bereits, eine Panik zu vermeiden. Denn denken Sie daran: Tauchunfälle beginnen meistens im Kopf.

Mentales Training ist auch eine sehr gute Möglichkeit, sich auf

Krisensituationen vorzubereiten. Gehen Sie einfach jede Situation, die Ihnen Angst bereitet, gedanklich einmal durch. Überlegen Sie: »Wenn die Situation X wirklich eintritt, dann werde ich nacheinander folgende Schritte einleiten ...« Wenn Sie sich über die richtigen Schritte nicht schlüssig sind, diskutieren Sie das Problem mit Ihren Tauchkameraden oder fragen in einer guten Tauchschule nach.

Der Umgang mit der Angst

Akzeptieren Sie ganz einfach, dass es Ihnen passieren kann, dass Sie unter Wasser Angst bekommen. Es ist nichts Peinliches daran. Ich habe schon gestandene Tauchlehrer, die frisch von den Malediven zu uns ins »grüne Wasser« kamen, auf halbem Weg an der Bojenleine umkehren sehen.

»Angstvermeidung«

Das Wracktauchen in der Ostsee ist eine wunderschöne und unserer Meinung nach nicht allzu gefährliche Sache, aber überfordern Sie sich nicht gleich am Anfang. Steigern Sie sich langsam und lassen Sie sich nicht zu Tauchgängen überreden, die Sie sich einfach noch nicht zutrauen! Der Tauchlehrer, der an der Leine umgekehrt ist, war ein Profi, er wusste, inwieweit er seine Ängste im Griff hatte und wann sie für ihn zu einem ernsten Problem werden können! Deshalb kehrte er um, und das sollten Sie sich auch trauen, wenn Sie meinen, dass Ihnen danach ist! Kein anderer Taucher hat das Recht, Ihnen deswegen Vorwürfe zu machen, auch wenn Sie damit »den ganzen Tauchgang schmeißen«. Machen wir uns doch nichts vor, auch bei dem ganzen Gerede über »tauche nie allein«, letztendlich tragen Sie selbst die Verantwortung für Ihr Leben und Ihre Gesundheit, und es nützt Ihnen recht wenig, wenn sich nur Ihr Tauchpartner »den Tauchgang zutraut«!

Wenn es einen doch erwischt ...

Wenn sich so ein mulmiges Gefühl einstellt, achten Sie einmal auf Ihre Körperlage. Meist werden Sie dabei feststellen, dass Sie mehr oder weniger senkrecht im Wasser stehen, der Kopf ist oben und die Beine sind abgesunken. Das Atmen fällt in dieser Lage auch noch schwerer und verstärkt noch Ihr unangenehmes Befinden. Korrigieren Sie das sofort! Gehen Sie wieder in die horizontale Lage, strecken Sie Ihren Körper bewusst und energisch durch. Sie glauben es kaum, das tut Ihrem Selbstbewusstsein unter Wasser enorm gut, oft ist das Problem damit schon erledigt. Häufig hilft es auch, sich für eine Weile irgendwo einen festen Halt zu suchen. Bleiben Sie aber auch dabei in einer waagerechten Schwimmlage.

Konzentrieren Sie sich auf die »wirklichen Fakten« des Tauchganges. Checken Sie Ihre »Ressourcen«: »Nullzeit o.k., Luft o.k., ich selbst o.k., also was soll schon schief gehen.« Wichtig ist bei dieser Aktion vor allem, dass Sie damit Ihr Selbstbewusstsein stärken, um so Ihre Angst zu überwinden. (Dabei sollten Sie jedoch realistisch sein, 20 bar Atemluft in 40 m Wassertiefe sind nicht o.k.!)

An dieser Stelle möchte ich, um nicht missverstanden zu werden, darauf hinweisen, dass ich die »Tipps zur Stärkung des Selbstbewusstseins« nicht gebe, um anschließend noch tiefer tauchen zu können. Es geht mir darum, ein schon bestehendes Problem einer unbegründeten, also irrationalen Angst abzuwenden, um eine eventuell daraus entstehende, wirklich gefährliche Paniksituation zu vermeiden.

Rettungsübung mit Schlauchboot und SAR-Hubschrauber

Hilft das alles nicht, signalisieren Sie Ihrem Tauchpartner per Handzeichen, dass Ihnen unwohl ist. Tun Sie dann etwas, das ich als den »geordneten Rückzug« bezeichnen möchte. Setzen Sie sich kleine Ziele: »Erst einmal raus aus dem Wrack, jetzt an der Reling entlang zur Leine zurück, so, jetzt in aller Ruhe austauchen ...« Ordnen Sie dabei Ihre Gedanken, lassen Sie sich nicht entgleiten, rufen Sie sich einfach selbst zur Ordnung, seien Sie dabei ruhig etwas aggressiv zu sich selbst, auch das unterdrückt eine Angst, und ziehen Sie sich auf diese Weise geordnet aus der Affäre.

Was tun im Notfall?

Ein dichtes Netz von Rettungsstationen umspannt den Ostseeraum zwischen Dänemark und der polnischen Grenze. Nach den gesetzlichen Vorgaben sind alle Punkte der Ostsee durch SAR-Rettungshubschrauber der Marinefliegerstaffeln zu erreichen. Ihre Einsatzzeit liegt aber bei bis zu eineinhalb Stunden. Gerade im Wochenenddienst wechseln die Staffeln sich ab. Deshalb kann es sein, dass ein Rettungshubschrauber bei einem Deko-Unfall vielleicht von Helgoland angefordert werden muss. Damit geht wertvolle Zeit für eine Druckkammer-Behandlung verloren. Der Einsatz der SAR-Hubschrauber ist in jedem Fall an folgende Bedingungen gebunden:

- Der Transport muss dringend sein. Es muss eine Gefahr für Leben oder Gesundheit bestehen.
- Ein geeignetes ziviles Transportmittel steht nicht zur Verfügung.
- Eine ärztliche Bescheinigung über die Dringlichkeit muss vorliegen oder nachgeliefert werden.

Der Hubschrauberstart kann tagsüber maximal 15 Minuten, nachts eine Stunde nach Eingang des Notrufes erfolgen.

Die Mindestgröße des Landeplatzes beträgt:

- bei Tag 35 m x 35 m oder 35 m Durchmesser,
- bei Nacht 50 m x 50 m oder 50 m Durchmesser.

Für die Einsätze sind folgende Stellen zuständig:
SAR-Leitstelle Glücksburg: Tel.: 04631-60 13
oder 04631-66 64 75/6
SAR-Leitstelle Goch: Tel.: 02823-33 3 3/4
Eine Liste der Notfalladressen mit Therapie-Druckkammern und 24-Stunden-Bereitschaft findet sich am Ende des Buches.

Flora und Fauna der Ostsee

Büschel-Zweifadenalge
Engl.: Blanket weed
Cladophora glomerata
Merkmale: 5–25 cm hoch. Junge Alge hellgrün, ältere dunkler. Im Frühjahr büschelförmige Sprossspitzen, die sich im Sommer abnutzen und im September neu wachsen. Mehrere schwer zu unterscheidende Arten.
Verbreitung: In der Ostsee bis zu den Ålandinseln und im südlichen Kattegat.
Lebensweise: In Meeresgebieten mit bis zu 15 ‰ Salzgehalt, aber auch im Süßwasser. Teils in dichten Matten an den Strand gespült.
Wissenswertes: Wenn optimale Bedingungen herrschen, kann *Cladophora* an einem einzigen Tag 2 m Längenwachstum zeigen!

Roter Horntang
Engl.: Red seaweed, red alga
Ceramium virgatum, Synonym: *Ceramium rubrum*
Merkmale: 8–15 cm hoch. Buschiger Wuchs, regelmäßig gabelig verzweigte Äste mit krallen- oder hornförmigen Endverzweigungen (Name!), rot bis braunrot, größere Achsen regelmäßig in knotige Abschnitte gegliedert.
Verbreitung: In der Ostsee bis um die Ålandinseln, teilweise auch in den Boddengewässern.
Lebensweise: Wächst oft auf größeren Algen, aber auch auf Felsen und Holzplanken bis in Tiefen von 0,5–20 m.

Blasentang
Engl.: Bladder wrack
Fucus vesiculosus
Merkmale: 0,5–1 m. Paarweise luftgefüllte Schwimmblasen in regelmäßigen Abständen an gabelig verzweigten Büscheln. Blätter derb, mit deutlicher Mittelrippe. Pflanze mit Haftscheibe am Untergrund festgewachsen. Färbung gelbgrün bis dunkelbraun.
Verbreitung: Ostsee bis in den Bottnischen Meerbusen.
Lebensweise: Im Flachwasser bis maximal 4 m Tiefe auf Steinen und Muscheln.
Wissenswertes: Schwimmblasen (Name!) ermöglichen eine flächige Wuchsform, die Blätter beschatten sich nicht gegenseitig. Eine optimale Versorgung mit Licht und auch Nährstoffen ist gewährleistet. Je nach Standort mehrjährig.

Zuckertang
Engl.: Sugar kelp, sugar wrack
Laminaria saccharina
Merkmale: Gesamtlänge bis 3 m. Pflanze geteilt in Haftorgan, Stiel und Blatt. Stiel rund, glatt und weniger als 1 cm im Durchmesser. Blatt 10–30 cm breit mit gewelltem Rand, derber Struktur und fehlender Mittelrippe. Farbe hellgrün bis gelbbraun. Glitschige Oberfläche durch Schleimstoffe.
Verbreitung: In der Ostsee bis um Bornholm.
Lebensweise: Auf Hartböden auf Felsen und Muscheln. Bevorzugt ruhige Gewässer in 1–30 m Tiefe.
Wissenswertes: Nach dem Eintrocknen bleibt ein weißes, süßliches Pulver aus getrockneten Zuckeralkoholen zurück (Name!).

Flacher Darmtang
Engl.: Gut weed
Ulva compressa
Merkmale: 10–30 cm lang und 0,2–1 cm breit, grün bis dunkelgrün. Gestalt sehr variabel, unverzweigt oder buschig verzweigt, am Grund rundlich und hohl, nach oben leicht verbreitert und bandartig flach.
Verbreitung: Im ganzen Ostseegebiet, auch in den Boddengewässern, sehr häufig.
Lebensweise: Auf Steinen und Holzpfählen dicht unter der Oberfläche.
Wissenswertes: Im Wattenmeer sind etwa 10 Arten von Darmtang vorhanden, die sehr schwer zu bestimmen sind. Nur im Labor, wo die Keimzellen beobachtet werden können, ist eine sichere Unterscheidung möglich.

Blutroter Meerampfer
Engl.: Sea beech
Delesseria sanguinea
Merkmale: 10–25 cm lang. Blätter oval, leuchtend rot gefärbt, Rand leicht gewellt. Kräftige Mittelrippe mit feineren Seitenrippen, das Blattgewebe sehr dünn.
Verbreitung: In der Ostsee bis um Bornholm.
Lebensweise: Auf Felsen, Muscheln und größeren Algen in Tiefen von 4–20 m.
Wissenswertes: Der Seeampfer überdauert ca. 5–6 Jahre. Während des Winters stirbt die Blattmasse ab, die Mittelrippe bleibt stehen. Im Winter und Frühjahr wachsen neue Blätter aus den in den Blattrippen gespeicherten Reserven. Wegen seiner gerinnungshemmenden Wirkung wird der Meerampfer in der Pharmaindustrie verwendet.

Echtes Seegras
Engl.: Common eelgrass
Zostera marina
Merkmale: 20–50 cm lang, maximal 120 cm. Grasähnliche Blütenpflanze mit dunkelgrünen, 3–9 mm breiten Blättern mit abgerundeten Spitzen.
Verbreitung: In der Ostsee bis um die Ålandinseln.
Lebensweise: Bildet unterseeische Wiesen auf sandigem und schlammigem Grund in 6–10 m Tiefe.
Wissenswertes: Treiben aus kriechenden Wurzelstöcken (Rhizomen) aus, die Sediment binden und eine wichtige »Kinderstube« für Fische und Krebstiere bilden.

Blätter-Moostierchen
Engl.: Hornwrack
Flustra foliacea
Merkmale: 10–20 cm hoch. Formt eine steife, aufrechte, dennoch flexible Kolonie. Diese besteht aus einzelnen »Blättern«, die sich fächerförmig verbreitern. Farbe grau bis braun. Die Einzeltiere wachsen bilaminar – also auf den Vorder- und Rückseiten der Blätter.
Verbreitung: Bis westliche Ostsee.
Lebensweise: Auf Sediment und steinigem Untergrund in der Flachwasserzone. Wird oft fälschlich für eine Alge gehalten.

Aufrechtes Lebermoostierchen
Engl.: Sea mat
Alcyonidium diaphanum
Merkmale: Meist bis 15 cm, maximal 40 cm hoch. Formt aufrechte Kolonie mit kleiner Basis, die auf Hartsubstrat aufsitzt. Bildet dünne, fingerlange Fortsätze. Farbe zwischen hellgelb, braun, grau, rötlich oder dunkelbraun, je nach Untergrund. Oberfläche glatt. Fleischige Beschaffenheit, wird oft mit Schwamm verwechselt.
Verbreitung: Bis westliche Ostsee.
Lebensweise: Bewächst Felsen, Steine und Muscheln in der Flachwasserzone bis hin zu den Sand- und Muschelbänken auf See. Wird das Moostierchen nicht gestört, werden die winzigen Tiere mit Tentakelkrone als weißlicher Flaum sichtbar.

Brotkrumenschwamm
Engl.: Breadcrumb sponge
Halichondria panicea
Merkmale: In wellenbewegtem Wasser niedrige Kruste mit kleinen Schloten, kann große Flächen bedecken. In ruhigen Abschnitten als massiver Klumpen bis zu 20 cm Durchmesser. Dann große Ausströmöffnungen. Färbung gelblich, bräunlich oder grünlich. Mit Kalkversteifungen, Aussehen insgesamt wie zerkrümeltes Brot.
Verbreitung: Bis westliche Ostsee.
Lebensweise: Auf Steinen, Pfählen, Schnecken und Muscheln in Tiefen von 0–180 m. Besonders in Strandnähe in schattigen Arealen (unter Steinüberhängen o. Ä.). Erträgt auch geringe Salzgehalte. Riecht beim Zerreiben stark nach Seegras.

Geweihschwamm
Engl.: Mermaid's Glove
Haliclona oculata
Merkmale: Bis 30 cm hoch. Buschförmig mit vielen kurzen Ästen (Durchmesser ca. 7 mm) und Haftscheibe. Verzweigungen nehmen zu den Spitzen hin allmählich ab, Ausströmöffnungen befinden sich nur auf Seiten der Äste. Robuste Konsistenz, aber dennoch weich und leicht zusammenzudrücken. Färbung hellbraun, gelblich oder rötlich.
Verbreitung: Bis westliche Ostsee.
Lebensweise: Auf Sand und Felsböden auf Steinen aufwachsend, bis in 100 m Tiefe.

Röhrenkalkschwamm
Engl.: Calcareous Tube Sponge
Leucosolenia botryoides
Merkmale: Weißer Schwamm, dessen schmale Röhren am Grund verwachsen sind. Jede unverzweigte Einzelröhre mit einer eigenen Ausströmöffnung..
Verbreitung: Nordsee und Ostsee.
Lebensweise: Dieser Schwamm kommt vom Flachwasser bis in 12 m Tiefe vor. Er wächst auf felsigem Substrat oder Steinen.

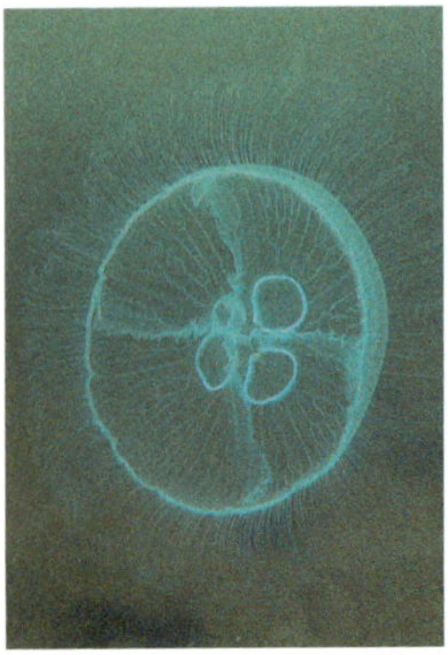

Ohrenqualle
Engl.: Moon jelly
Aurelia aurita
Merkmale: Durchmesser bis 40 cm. Schirm flach, durchsichtig, 4 ringförmige Geschlechtsorgane durch den Schirm sichtbar – beim Männchen weiß, beim Weibchen rot. Schirmrand mit zahlreichen Tentakeln. Mund auf der Schirmunterseite mit vier nach unten hängenden gekrausten Mundarmen.
Verbreitung: In der Ostsee bis zu den Ålandinseln.
Lebensweise: Im freien Wasser schwimmend. Ernährt sich von Plankton, das an den mit Nesselzellen bewehrten Tentakeln haften bleibt.
Wissenswertes: Für Schwimmer ungefährlich, da die Nesseln die menschliche Haut nicht verletzen können.

Gelbe Nesselqualle, Feuerqualle
Engl.: Lion's mane jellyfish
Cyanea capillata
Merkmale: Durchmesser 30–50 cm. Schirm leicht gewölbt, Ränder dünn. Mundarme und Tentakel gelblich oder rotbraun. 4 dicke Mundarme auf der Unterseite, bis zu 10 m lange Tentakeln.
Verbreitung: In der Ostsee bis zu den Ålandinseln.
Lebensraum: Im freien Wasser. Ernährt sich von Plankton, kleinen Fischen und anderen Kleintieren.
Wissenswertes: Eine der größten Quallenarten (Ø bis 1,50 m). Auftreten meist in Schwärmen. Das Nesselgift kann auf der Haut starke Verbrennungen und Blasen verursachen, Atmung und Herzfunktion können beeinträchtigt werden.

Seenelke
Engl.: Plumose anemone
Metridium senile
Merkmale: Bis 30 cm hoch, zusammengezogen etwa halb so groß. Basis breiter als der Körper und oft unregelmäßig geformt. Tentakel zahlreich, relativ kurz und fein. Farben vielfältig; normalerweise weißlich, orange oder dunkelgrün, aber auch braun, grau oder rot.
Verbreitung: Bis westliche Ostsee.
Lebensweise: Auf Hartböden und Muschelschalen, sehr häufig in Hafenmolen, ab der Niedrigwasserlinie bis in Tiefen um 100 m. Auch im Brackwasser.
Wissenswertes: Kann sich auch asexuell vermehren. Sind die Bedingungen gut, kann also eine ganze Kolonie genetisch identischer Tiere entstehen.

Seedahlie, Dickhörnige Seerose
Engl.: Dahlia anemone
Urticina felina
Merkmale: Bis 15 cm hoch. Mit bis zu 160 kurzen, etwa 2 cm langen Tentakeln. Färbung reicht von weiß, gelb und rot bis zu braun und violett, oft gemustert. Körper mit grau gefärbten Warzen zum Anheften von Steinchen oder Schalenstückchen. Bei Störung ziehen sich die Tentakel vollständig in den so getarnten Körper zurück.
Verbreitung: Bis westliche Ostsee.
Lebensweise: Auf Hartböden in der Brandungszone oder in Gebieten mit starkem Tidenhub. Die Seedahlie fängt Weichtiere, kleine Krebse und Fische mit ihren nesselnden Tentakeln.

Rändel-Käferschnecke
Engl.: Chiton
Lepidochitona cinerea
Merkmale: Bis 2,5 cm lang. Abgeflachter, länglicher Körper, trägt ein Gehäuse aus 8 Kalkplatten. Ränder von lederartigem Gürtel eingefasst. Platten unregelmäßig gelblich, rotbraun und grün marmoriert.
Verbreitung: Bis westliche Ostsee.
Lebensweise: Lebt unter Muschelschalen, Steinen und Klippen und ernährt sich von pflanzlichem Material, das mit der Reibezunge (»Radula«) von den Steinen abgeweidet wird.
Wissenswertes: Durch die Segmentierung des Panzers ist die Käferschnecke sehr beweglich; wird sie z. B. von ihrer Unterlage abgelöst, rollt sie sich zusammen wie eine Assel.

Breitwarzige Fadenschnecke
Engl.: Grey sea slug
Aeolidia papillosa
Merkmale: Bis 12 cm lang. Ohne Gehäuse, Körper schlank mit bis zu 200 Rückenanhängen seitlich eines kahlen Rückenstreifs. Grau, braun oder selten orange, mit kleinen dunkleren Flecken. Kopffühler oberflächlich glatt, an der Basis dunkel mit weißen Spitzen, kürzer als die Mundtentakel.
Verbreitung: Bis westliche Ostsee.
Lebensweise: Frisst Seeanemonen und andere Nesseltiere. Meist im Niedrigwasser, auch bis 800 m.
Wissenswertes: Mit der Nahrung aufgenommene Nesselzellen werden zur Abwehr von Fressfeinden in den Spitzen der Rückenanhänge eingelagert.

Braun gefleckte Warzenschnecke
Engl.: Sea slug
Onchidoris bilamellata
Merkmale: Bis 4 cm lang. Ovaler, grau gefärbter Körper ohne Gehäuse. Oberfläche mit vielen keulenförmigen weißen Papillen (Name!), mit 2 Kopffühlern und bis zu 30 in einem Halbkreis stehenden braun gefleckten Federkiemen. Junge und nicht geschlechtsreife Tiere weiß durchgefärbt.
Verbreitung: Kattegat bis nördlicher Öresund.
Lebensweise: Frisst vornehmlich Seepocken. In Tiefen bis 20 m.
Wissenswertes: Bei Störung scheidet die Schnecke säurehaltige Sekrete durch die Haut aus.

Gebänderte Grübchenschnecke
Engl.: Banded chink shell
Lacuna vincta
Merkmale: Bis 1 cm hohes, gelbliches, hellbraunes oder hellrosa Gehäuse. Kegelförmig, mit 5 schwach gewölbten Umgängen, letzter Umgang sehr groß. Manchmal mit 2–4 rotbraunen Streifen auf dem letzten Umgang. Fuß elfenbeinfarben oder grünlich.
Verbreitung: Bis westliche Ostsee.
Lebensweise: Auf Algen sowie auf Seetang in der Gezeitenzone, aber auch bis in 40 m Tiefe. Toleriert niedrige Salzgehalte.

Wellhornschnecke
Engl.: Common whelk
Buccinum undatum
Merkmale: Bis 10 cm hoch. Spindelförmiges, kräftiges Gehäuse mit feinen Rippen quer zur Windung. 7–8 Windungen, Öffnung oval. Gehäuse gelblich mit unregelmäßig hell und dunkel gesprenkelten Gebieten. Öffnung ist oval mit langem weitem Siphonkanal.
Verbreitung: Bis westliche Ostsee.
Lebensweise: Auf Schlick- und Sandböden, aber auch Geröll und Steinen. In Tiefen bis 1200 m. Auch im Brackwasser verbreitet.
Wissenswertes: Der »Rüssel« (Siphon) der Schnecke ist sehr lang und trägt an der Spitze eine Raspelzunge. Räuber und Aasfresser, kann Beute auf große Entfernung riechen.

Netzreusenschnecke
Engl.: Netted dog whelk
Nassarius reticulatus
Merkmale: Bis 3 cm lang, Gehäuse graubraun mit charakteristischem Netzmuster (Name!). Siphonalrinne mit breitem Rand. Kann mit jungen Wellhornschnecken verwechselt werden.
Verbreitung: Bis westliche Ostsee.
Lebensweise: Gräbt in Sand- und Schlickböden bevorzugt zwischen Algenbewuchs, oft nur der lange, dünne Siphon sichtbar. Kommt in Tiefen bis 15 m vor.
Wissenswertes: 1997 in der Mecklenburger Bucht wieder entdeckt, dort galt sie als verschollen. Wird zur Bestimmung der Gewässergüte herangezogen. Als Verbreitungsgrenze gilt ein Salzgehalt bis 15 ‰.

Pelikanfuß
Engl.: Common pelican's foot
Aporrhais pespelicani
Merkmale: Bis 4,5 cm hoch. Gehäuse außen gelblich weiß, innen perlweiß, trägt 8–10 dickwandige Umgänge. Die Mündungsöffnung formt mit der fünfstrahlig ausgezogenen Außenlippe den Fuß eines Schwimmvogels. Der Schneckenkörper ist weiß mit gelben Flecken rund um Schnauze und Augenstiele.
Verbreitung: Kattegat bis nördlicher Öresund.
Lebensweise: Lebt versteckt im Boden, ernährt sich von organischem Material, das aus dem Wasser gefiltert oder von der Oberfläche abgesammelt wird. Auf Schlamm und Sandböden in Tiefen bis zu 180 m.

Gemeine Islandmuschel
Engl.: Icelandic cyprine
Arctica islandica
Merkmale: Bis 12 cm. Dickwandige, stark gewölbte Schalenklappen mit feinen konzentrischen Linien. Oval bis rund, Innenseite mit deutlichen Schließmuskelabdrücken. Junge Tiere hellbraun, ältere dunkel grünbraun mit schwarzer Oberhaut.
Verbreitung: In der Ostsee bis um Bornholm.
Lebensweise: In Sand- und Schlickböden. Unterhalb der Niedrigwasserlinie bis in 500 m Tiefe vorkommend.
Wissenswertes: Alter bis 220 Jahre nachgewiesen, durch die Befischung von Mies- und Venusmuscheln immer seltener. Bei toten Muscheln werden Schalen weiß oder hellbraun.

Sandklaffmuschel
Engl.: Sand gaper
Mya arenaria
Merkmale: Bis 15 cm lang. Ovale, große Muschel mit kräftiger Schale. Leicht grün oder braungelb. Innenseite weiß mit großer Mantelbucht. Hinterende spitz zulaufend und weit klaffend (Name!). Schalenränder scharf, außer im Bereich der Siphone.
Verbreitung: In der Ostsee bis um die Ålandinseln.
Lebensweise: Vergräbt sich bis zu 50 cm tief in Sand- und Schlickböden in Tiefen von 1–8 m. Kontakt zur Oberfläche durch zwei Siphone.
Wissenswertes: Kann auch vereinzelt in Miesmuschelbänken gefunden werden. Erwachsene Tiere können ihren Standort nicht wechseln.

Essbare Miesmuschel
Engl.: Common mussel, blue mussel
Mytilus edulis
Merkmale: 5–10 cm lang, Färbung blauschwarz oder violett mit dunkelbrauner Oberhaut. Schalen ungleich groß, grob triangelförmig, Innenseite glänzend weiß, perlmuttartig.
Verbreitung: In der Ostsee bis um die Ålandinseln.
Lebensweise: Auf fast jeder harten Oberfläche wie z. B. Felsen, Steinen, Pfählen oder Artgenossen mit faserigen Klebfäden (Byssusfäden) angeheftet. Kann große Muschelbänke mit bis zu 100 Tieren pro Quadratmeter formen. Oft in Gesellschaft von Seepocken.
Wissenswertes: Miesmuscheln, die in Schmutz- oder Abwasser leben, sind nicht zum Verzehr geeignet.

Große Seepocke
Engl.: Rough barnacle
Balanus balanus
Merkmale: 2–3 cm im Durchmesser, bis zu 5 cm hoch. Gehäuse aus 6 weißgrauen Kalkplättchen, mit dicken Radialfalten und verkalkter Grundplatte. Beine zu Fangarmen umgewandelt, durch »Winken« wird Plankton aus dem Umgebungswasser gefiltert.
Verbreitung: Bis westliche Ostsee.
Lebensweise: Sitzt auf Steinen, Muschelschalen, Krebspanzern und anderen harten Oberflächen in Tiefen von 2 bis mehreren 100 m.

Baltische Klippenassel
Engl.: Baltic isopod
Idotea balthica
Merkmale: Männchen bis zu 4 cm lang. Weibchen kleiner, meist dunkel gefärbt. Ovaler, abgeflachter Körper mit variabler Farbe: gelblich, grün oder braun mit weißen Punkten auf dem Rücken.
Verbreitung: Ostsee bis um die Ålandinseln.
Lebensweise: Lebt auf und von Pflanzen, weidet auch Algen ab. Häufig in Seegraswiesen, auch in Wasser mit geringem Salzgehalt.

Strand-, Nordseegarnele
Engl.: Brown shrimp
Crangon crangon
Merkmale: Bis 8,5 cm lang. Kann von den meisten anderen Krabben durch den kurzen, stumpfen Stirnfortsatz zwischen den Augenstielen unterschieden werden. Körper lang gestreckt, segmentierter Schwanz mit Fächer am Ende, 2 fast körperlange Antennenpaare, ein schlankes Scherenpaar, 4 dünne Laufbeinpaare. Färbung kann an den Untergrund angepasst werden, dunkelbraun gemustert bis hellbraun-durchscheinend.
Verbreitung: Kattegatt und nördlicher Öresund.
Lebensweise: Auf Sand- und Schlickböden, tagsüber meist bis auf die Antennen und Augen eingegraben. Frisst kleine Krebse, auch Algen und Aas.

Ostseegarnele
Engl.: Common prawn
Palaemon adspersus
Merkmale: Weibchen bis 8 cm, Männchen kleiner. Färbung variabel: grün, grau oder rotbraun, oft durchscheinend mit dunklerer Pigmentierung. Im Gegensatz zur Sandgarnele (*Crangon crangon*) besitzen die Tiere einen langen gesägten Stirnfortsatz (Rostrum). Die ersten beiden Schreitbeinpaare tragen kleine Scheren.
Verbreitung: In der Ostsee bis um die Ålandinseln.
Lebensweise: Zwischen Seegras, Algen und anderen Wasserpflanzen. Ab 2–4 m Wassertiefe. Ernährt sich von kleinen Würmern, Krebsen und anderen kleinen Wirbellosen. Wechselt im Herbst zur Überwinterung in tieferes und wärmeres Wasser.

Einsiedlerkrebs
Engl.: Common hermit crab
Pagurus bernhardus
Merkmale: Bis 10 cm langer, gelb und rot gezeichneter Körper. Bewohnt leere Schneckengehäuse. 2 Antennenpaare, 2 Paar kräftige Laufbeine, 2 reduzierte Beinpaare (zum Festhalten des Gehäuses). Scheren unbehaart.
Verbreitung: Bis nördliches Kattegat.
Lebensweise: Frisst Kleintiere und Aas, nimmt aber auch Partikel aus dem Sand auf und weidet Algen ab. Bevorzugt sandigen Untergrund. Von der Tidenzone bis zu mehreren 100 m Tiefe verbreitet.
Wissenswertes: Verschließt mit den Scheren den Eingang des Gehäuses, das er im Laufe seines Wachstums häufig wechseln muss.

Strandkrabbe
Engl.: Common shore crab, green crab
Carcinus maenas
Merkmale: Bis zu 8 cm breiter Rückenpanzer, braungrau bis grünlich, jüngere Tiere oft gefleckt. Augen und Antennen kurz gestielt. Ein Paar große Scheren, 4 Paar Laufbeine. Hinterleib (Pleon) beim Weibchen oval, beim Männchen scharf dreieckig, wird untergeschlagen.
Verbreitung: Ostsee bis westlich von Bornholm.
Lebensweise: In Weich- und Hartböden zwischen Steinen, Algen und Seegras. Räuber, ernährt sich von Schnecken, Muscheln, Krebsen, Aas und Artgenossen. Meist in der Tidenzone.
Wissenswertes: Weibchen trägt orange Eipakete unter dem eingeklappten Hinterleib.

Weiß gefingerte Schlickkrabbe
Engl.: White fingered mudcrab, Harris mud crab
Rithropanopeus harrisii
Merkmale: bis 2 cm breiter Rückenschild, rotbraun gefärbt. Spitzen der Scheren sind weiß.
Verbreitung: Ganze Ostsee.
Lebensweise: Ursprünglich heimisch in nordamerikanischen Gewässern, in den 50er Jahren eingeschleppt. Die Schlickkrabbe ist so erfolgreich, da sie Nahrungsopportunist ist. Sie frisst organische Reste, Algen, Aas, Würmer und andere Weichtiere. Dazu verträgt sie schwankende Salzgehalte sehr gut und ist häufig im Brackwasser anzutreffen.

Nordische Seespinne
Engl.: Spider crab
Hyas araneus
Merkmale: Bis 10 cm langer und 8 cm breiter, birnenförmiger Panzer. Färbung rotbraun. Stirnfortsatz dreieckig, in 2 sich verjüngende Spitzen geteilt. Das erste Laufpaar ist zu schlanken Scheren umgebildet, die 4 anderen Beine sind lang, dünn und erinnern an Spinnenbeine.
Verbreitung: Bis westliche Ostsee.
Lebensweise: Bevorzugt Sand- und Felsböden. Nur frisch gehäutete Exemplare ohne Aufwuchsorganismen. Vorkommen in 2–50 m Tiefe.
Wissenswertes: Panzer meist dicht mit Röhrenwürmern, Schwämmen und Algen bewachsen; so ist die Seespinne vor Fressfeinden getarnt.

Kleiner Strandigel
Engl.: Green sea urchin
Psammechinus miliaris
Merkmale: bis 4,5 cm Durchmesser. Färbung grünlich oder schwärzlich schimmernd. Kurze, dicht gepackte Stacheln mit violetten Spitzen.
Verbreitung: Bis westliche Ostsee.
Lebensweise: Auf Felsböden, unter Steinen und Algen, an Molen, Buhnen und in Seegraswiesen in 0,5–100 m Tiefe. Weiden mit ihrem Kauapparat auf der Unterseite Weichtiere und Algen vom Untergrund ab.

Gemeiner Seestern
Engl.: Common starfish
Asterias rubens
Merkmale: 10–30 cm Durchmesser. 5 Arme, diese tragen an den Unterseiten 4 Reihen Saugfüße. Orange bis rotbraun. Arme an den Spitzen bei Aktivität meist aufgeworfen. Kleine Tiere steifer, große eher weich.
Verbreitung: In der Ostsee bis um Bornholm.
Lebensweise: Auf Hart- und Weichböden aller Art in Tiefen von 0–200 m. Ernähren sich von Miesmuscheln, daher oft massenhaft auf Muschel- und Austernbänken, fressen aber auch Aas. Die Beutemuschel wird langsam durch Auseinanderziehen der Schalen geöffnet.
Wissenswertes: Einer der wenigen Stachelhäuter, die Brackwasser tolerieren.

Heller Schlangenstern
Engl.: Brittlestar
Ophiura albida
Merkmale: Körperscheibe bis 15 mm breit, Arme etwa viermal so lang. Färbung rotbraun, mit weißlichen Flecken an der Armbasis. Kurze, steife Stacheln.
Verbreitung: Bis Öresund und westliche Ostsee.
Lebensweise: Auf feinen Sand- und Schlamm-böden. Lebt räuberisch und überwältigt dank seiner Beweglichkeit überwiegend Kleintiere, Schnecken und Garnelen.

Schlauchseescheide
Engl.: Sea squirt
Ciona intestinalis
Merkmale: Bis 15 cm hoher, sackförmiger Nahrungsstrudler. Mantel milchig durchscheinend, innere Organe schimmern rötlich. Ein- und Ausströmöffnung gelblich eingefasst.
Verbreitung: Bis westliche Ostsee.
Lebensweise: Siedelt auf weichem und festem Untergrund, wie z. B. Algen, Muschelschalen und Schiffsrümpfen. Bildet keine Kolonien und kommt bis in Tiefen von 500 m vor.

Parallelseitige Seescheide
Engl.: Sea squirt
Corella parallelogramma
Merkmale: Bis 5 cm hoch. Ovaler bis rechteckiger Körper, Erscheinungsbild sehr variabel. Außenhaut (»Mantel«) transparent und sehr zäh sowie mit roten, gelben oder weißlichen Flecken versehen. Darm als grauer Schlauch erkennbar.
Verbreitung: Bis westliche Ostsee.
Lebensweise: Siedelt auf festem Untergrund, z. B. Steinen, leeren Muschelschalen. Breite Vielfalt an Lebensräumen, vom flachen Wasser bis 200 m Tiefe. Bevorzugt strömungsreiche Wasserzonen.

Hering
Engl.: Herring
Clupea harengus
Merkmale: Bis 40 cm langer, schlanker Schwarmfisch. Der Rücken ist in der Färbung variabel, von gelbgrün über blaugrün bis blauschwarz. Flanken und Bauch silbrig glänzend, Schuppen nicht gekielt. Bestimmungsmerkmale: Der Unterkiefer ist länger als der Oberkiefer und die Bauchflosse sitzt hinter dem vorderen Ende der Rückenflosse.
Verbreitung: Ostsee bis zu den Ålandinseln.
Lebensweise: Bevorzugt Freiwasser, frisst Planktontiere, die aus dem Wasser im Kiemenfilter filtriert werden.
Wissenswertes: Zu den Heringsfischen gehören auch Sardinen (bis 25 cm), Sprotten (bis 10 cm) und Sardellen (bis 10 cm).

Kabeljau, Dorsch
Engl.: Atlantic cod
Gadus morhua
Merkmale: bis 1,5 m lang. Körper lang gestreckt und stromlinienförmig. Großer Kopf mit vorspringendem Oberkiefer, kräftiger Bartfaden und helle Seitenlinie. Von oliv bis braun mit dunklen Punkten, Bauch weiß.
Verbreitung: Nördliche Ostsee bis zu den Ålandinseln.
Lebensweise: Der Kabeljau ernährt sich von Würmern, Weich- und Krebstieren, mit zunehmendem Alter auch von kleineren Fischen.
Wissenswertes: Jungfische werden als »Dorsch« bezeichnet, geschlechtsreife Tiere als »Kabeljau«. Jungfische sind meist in flacheren Wasserzonen oder Ufernähe zu finden. Durch Überfischung und Erwärmung in der Ostsee gefährdet.

Seehase
Engl.: Lumpsucker
Cyclopterus lumpus
Merkmale: Plumper Bodenfisch. Sexualdimorphismus: Weibchen bis 50 cm lang, blaugrau. Männchen bis 30 cm, zur Laichzeit unterseits rotorange gefärbt. Schuppenlos, Haut mit Dornreihen besetzt.
Verbreitung: Ostsee bis zu den Ålandinseln.
Lebensweise: Durch das Fehlen einer Schwimmblase und die Umwandlung der Bauchflossen zu einer Art Saugnapf ist der Seehase an das Leben in Bodennähe angepasst, bevorzugt wird steiniger Meeresboden in Tiefen von ca. 50–400 m. Ernährt sich von Krebstieren, Ohrenquallen und kleinen Fischen.

Seeskorpion
Engl.: Father lasher
Myoxocephalus scorpius
Merkmale: Bis 30 cm lang. Großer Kopf mit vielen Dornen und breitem Maul. Rücken dunkelbraun, mit stacheligen Flossen. Raue Schuppen oberhalb und unterhalb der Seitenlinie, an den Flanken helle Flecken, Unterseite heller. Zur Laichzeit zeigen die Männchen einen roten Bauch.
Verbreitung: In der Ostsee bis zu den Ålandinseln.
Lebensweise: Bevorzugt bewuchsreiche Böden, besonders Steingründe. Ernährt sich von Krebsen, Jungfischen und Laich. Nachtaktiv.
Wissenswertes: Ungiftig, aber die Stacheln sind sehr spitz und können tief in die Haut eindringen. Meist bilden sich Entzündungen.

Steinpicker
Engl.: Pogge
Agonus cataphractus
Merkmale: 10–15 cm lang. Breiter, gepanzerter Kopf und Rumpf mit schlankem Schwanzstiel. Körper mit gekielten Knochenplatten gepanzert, dadurch sehr hart, aber weniger beweglich. An der Maulunterseite 4 Stacheln und 2 Bartfäden zur Nahrungssuche. Oberseite graubraun mit wenigen dunklen Flecken auf dem Rücken, Unterseite weißlich.
Verbreitung: Westliche und südliche Ostsee.
Lebensweise: Grundfisch, meist auf Sand- und anderen Weichböden, in Tiefen von 10 bis mehrere 100 m. Frisst Borstenwürmer und Krebstiere.

Flunder
Engl.: Flounder
Platichthys flesus
Merkmale: bis 50 cm lang. Oval-asymmetrischer, seitlich stark abgeflachter Körper. Meist liegen die Augen auf der rechten Körperseite. Relativ kleines Maul, Oberseite rau mit scharfen Spitzen entlang der Seitenlinie und graubraun bis olivgrün gefärbt. Unterseite weiß.
Verbreitung: In der Ostsee bis zu den Ålandinseln.
Lebensweise: Grundfisch, häufig auf Sand- oder Schlickböden bis zu 30 m Tiefe. Tagsüber eingegraben. Unempfindlich gegenüber Schwankungen der Salzkonzentration des Wassers, daher auch im Bereich von Flussmündungen zu finden. Ernährt sich von Krebsen, Fischen, Insektenlarven, Mollusken und Würmern.

Scholle
Engl.: Plaice
Pleuronectes platessa
Merkmale: 20–40 cm langer Plattfisch. Haut glatt mit knöcheriger Reihe Höcker hinter den Augen, diese liegen auf der rechten Körperhälfte. Feine Beschuppung. Oberseite grünlichbraun bis bräunlich mit rötlichgoldenen Körperflecken, bei erwachsenen Exemplaren von weißen Ringen umgeben, Unterseite weiß.
Verbreitung: Nördliche Ostsee.
Lebensweise: Nachaktiver Grundfisch, häufig auf Sandboden in Tiefen von 10–200 m. Frisst Muscheln, Krebstiere und Borstenwürmer. Bevorzugt salzreiches und kühles Wasser. Zur Tarnung graben sich die Tiere in den Boden ein.

Steinbutt
Engl.: Turbot
Psetta maxima
Merkmale: Bis 70 cm langer Körper, dieser ist abgeflacht und charakteristisch diskusförmig mit großem Maul. Augen liegen auf linker Körperhälfte. Oberseite weist Knochenhöcker und Dornen auf. Färbung variabel: Oberseite braungrau, olivgrau oder dunkelbraun gefleckt oder marmoriert, Unterseite ist weiß.
Verbreitung: In der Ostsee bis zu den Ålandinseln.
Lebensweise: Grundfisch, auf Sandböden, bevorzugt 20–70 m Tiefe. Ernährt sich von anderen Grundfischen, Krebs- und Weichtieren. Obwohl Tiere bis 1 m Durchmesser und 20 kg bekannt sind, tarnt sich der Steinbutt durch seine variable Färbung perfekt.

Seezunge
Engl.: Common sole
Solea solea
Merkmale: Ca. 30–40 cm langer Plattfisch. Körper ist länglich oval mit einem kurzen Kopf und voll entwickelten Brustflossen. Oberseite je nach Lebensraum bräunlich, grünlich oder schwarzbraun mit kleineren schwarzen Flecken, Unterseite hellgrau bis weiß. Schuppen klein und bedornt.
Verbreitung: Bis westliche Ostsee.
Lebensweise: Hält sich bevorzugt auf sandigem oder schlickigem Bodengrund auf. Die Seezunge lebt in Tiefen bis zu 60 m, ist oft aber auch im flacheren Wasser zu finden. Nachts wird sie aktiv und geht auf Nahrungssuche (Würmer, Muscheln, Schnecken und Krebse).

Notfalladressen

Therapie-Druckkammern mit 24-Stunden-Bereitschaft
Stand: Januar 1996

HBO-Zentrum Arolsen
Große Allee 3
34454 Arolsen
Telefon 05691-896 50

DLRG Berlin
Am Pichelsee 20
13595 Berlin
Telefon 030-362 30 24

HBO Zentrum Berlin
Groninger Str. 25
13347 Berlin
Telefon 030-455 17 08

HBO-Zentrum Berlin
Kurfürstendamm 45
10719 Berlin
Telefon 030-883 60 68

Institut für Hyperbare Medizin
Clayallee 229
14195 Berlin
Telefon 030-810041

Städt. Krankenhaus
Friedrichshain
Landsberger Allee 49
10249 Berlin
Telefon 030-42210

Druckkammerzentrum
Heidsicker Str. 114
33739 Bielefeld
Telefon 05206-83 63

Zentrum f. hyperbare
Sauerstofftherapie
Neustadtring 30 a
38114 Braunschweig
Telefon 0531-57 50 22

Zentrum für Tauch- und
Überdruckmedizin
Ermlandstraße 55
28777 Bremen
Telefon 0421-600 75 77

Tauchbetrieb Helgoland
Fischereihafen Süd
An der Packhalle VI
27572 Bremerhaven
Telefon 0471-754 88

Wasser und Schiffahrtsamt
Brunsbüttel
Schleuseninsel
25541 Brunsbüttel
Telefon 04852-88 53 25

Medic GmbH
Bergstr. 94
44339 Dortmund
Telefon 0231-985 20 20
0172-520 85 19

Tauchmed-Zentrum
Hoher Wall 9
44187 Dortmund
Telefon 0231-721 44 37/39

Paulus Privatklinik
Arnoldsweilerstr. 21
52351 Düren
Telefon 02421-20 80 30

St. Josef Hospital
Ahrstraße 100
47139 Duisburg 12
Telefon 0203-80 01-0 oder -602

Sauerstoff-Therapiezentrum
Hansa Allee 30
40547 Düsseldorf
Telefon 0211-570583

Waffentauchergruppe
Am Ort 6
24340 Eckernförde
Telefon 04351-810 41

Tauchmed. Zentrum
Kruppstr. 92
45145 Essen
Telefon 0201-22 10 25/26

HBO-Zentrum, Promen. Kurhotel
Hauptstr. 118
06507 Friedrichsbrunn
Telefon 039487-372

Tagesklinik Dr. Füssinger
Albertstr. 70
88045 Friedrichshafen
Telefon 07541-260 45

Euro-Med Klinik
Europa-Allee 1
90763 Fürth
Telefon 0911-9714-0

Tauchunternehmung Winter GmbH
Oberstr. 27
41416 Grevenbroich
Telefon 02818-745 00

Westf. Institut für Sauerstoff-
therapie
An der Barbara Klinik 4
59073 Hamm-Heesen
Telefon 02381-301 13

Druckkammerzentrum Hannover
Lister Krankenhaus
Lister Kirchweg 43
30163 Hannover
Telefon 0511-965 61-0

Biologische Anstalt Helgoland
27498 Helgoland
Telefon 04725-819 235 oder
04725-819 0

HBO Zentrum Rhein-Main
Reifenberger Straße 6
65719 Hofheim
Telefon 06192-5062 oder -5095

Oxytrans GmbH
Flugplatz
Äußere Bayreuther Str. 125
95032 Hof-Pirk
Telefon 09292-910 81

HBO-Zentrum Baden
Descostr. 19
76307 Karlsbad
Telefon 07248-916 00

Rotes Kreuz Krankenhaus
Hansteinerstraße 29
34121 Kassel
Telefon 0561-308 61

Außenstelle Luftwaffe F1
Steinborner Str. 43
01936 Königsbrück
Telefon 035795-252 23 00

Schifffahrtsmedizinisches Institut der Bundeswehr
Kopperpahler Allee 120
24119 Kronshagen
Telefon 0431-5409-1711 oder
0431-5409-1715
0431-5409-0 (Zentrale)

Memory Kliniken
Burgplatz 2
04109 Leipzig
Telefon 03441-211 08 63

Uniklinik Mainz
Langenbeckstraße 1
55131 Mainz
Telefon 06131-17 0
06131-7366

Branddirektion München
Feuerwache 5
Anzinger Straße 41
81671 München
Telefon 089-40 66 55

HBO Institut
Krankenhaus rechts der Isar
Ismaninger Str. 41
81671 München
Telefon 089-414 026 00

HBO-Zentrum München
Innere Wiener Str. 30
81667 München
Telefon 089-448 30 22

Friedrich Ebert Krankenhaus
Friesenstraße 1
24534 Neumünster
Telefon 04321-405 20 40

Bundesmarine Technische Marineschule
Wieksbergstr. 54
23730 Neustadt
Telefon 04561-60 54

HBO-Zentrum Mittelrhein
Südstr. 19
53757 St. Augustin-Mülldorf
Telefon 02241-20 53 48

Druckkammerzentrum DCS 1
Heilbronner Str. 300
70469 Stuttgart
Telefon 0711-85 10 32

HBO-Zentrum Stuttgart
König-Carl-Str. 66
70372 Stuttgart
Telefon 0711-55 72 55

Druckkammerzentrum Traunstein
Maxplatz 5
83278 Traunstein
Telefon 0861-600 79

Praxisgemeinschaft Reusch
Saarstr. 16
54290 Trier
Telefon 0651-741 51

WTD 41 Trier
54292 Trier
Telefon 0651-220 31

Städtisches Krankenhaus Überlingen
Härlenweg 1
88662 Überlingen
Telefon 07551-990

Bundeswehrkrankenhaus Ulm
Oberer Eselsberg 40
89081 Ulm
Telefon 0731-171 22 85/6

Institut. für Tauchmedizin
Oberer Eselsberg 45
89081 Ulm
Telefon 0731-533 33

Marinestützpunktkommando Wilhelmshaven
26379 Wilhelmshaven
Telefon 04421-306 71

Bibliografie

Heinz Schön: Die *Cap Arcona* Katastrophe. Motorbuch Verlag Stuttgart, 1. Auflage 1989.

Wilhelm Lange: *Cap Arcona.* Das tragische Ende der KZ-Häftlings-Flotte am 3. Mai 1945. Dokumentation. © Stadt Neustadt in Holstein, 1988.

Wolfgang Müller, Reinhard Kramer: Gesunken und Verschollen. Menschen und Schiffsschicksale. Ostsee 1945. Koehlers Verlagsgesellschaft mbH, Herford 1994.

Heinz Schön: SOS Wilhelm Gustloff. Die größte Schiffskatastrophe der Geschichte. Motorbuch Verlag, 1. Auflage Stuttgart 1998.

Hinweis: In den ersten vier Büchern finden sich interessante Historische Fotos von der Deutschland.

Herold, Klaus: Der Kieler Brandtaucher – Wilhelm Bauers erstes Tauchboot. Bernard & Graefe Verlag, Bonn 1993.

Jonas, Peter: Unterwasserführer Ostsee. Jahr-Verlag, Hamburg, 1996.

Kromp, Thomas, und Keusen, Walter: Tauchen. Verlag Stefanie Nagelschmid, 1990.

Müßig, Siegfried: Sporttauchen. Falken-Verlag, 1983/88.

Schulz, Erhard: Tauchen und Schnorcheln, RoRoRo Sport, 1978/90.

Breyer, Siegfried: Die *Deutsche Kriegsmarine 1935–1945,* Band 2, Podzun-Pallas-Verlag, Friedberg 1986.

Feininger, Andreas: *Farbfotolehre.* Wilhelm Heyne Verlag, München 1983.

Frei, Herbert: *Blitzlichtfotografie unter Wasser.* Verlag Stephanie Nagelschmid, Stuttgart 1988.

Friedrich, Ehrhard, Verlag GmbH & Co. KG., Seelze. *Unterricht Biologie,* Nr. 186, Juli 1993.

Gerthsen, Chr., Kneser: *Physik,* Springer Verlag, Berlin 1971.

Gröner, Erich: *Die deutschen Kriegsschiffe 1815–1945.* Band 2, Bernard & Graefe Verlag, Koblenz 1983.

Kühn, Volkmar: *Schnellboote im Einsatz 1939–1945.* Motorbuch Verlag, Stuttgart 1991.

Ostertag, Reinhart: *Deutsche Minensucher – 80 Jahre Seeminenabwehr.* Koehlers Verlagsgesellschaft mbH, Herford 1986.

Weis, Kamillo: *Unterwasser Fotografie.* Bussesche Verlagshandlung GmbH, Herford 1979.

Weis, Kamillo: *Wunderwelt der Unterwasserfotografie.* Laterna magica Gmbh & Co. KG., München 1981.

Internetrecherche:

Website von Peter Klink: www.bubblewatcher.de

Website des Tauchcenter Eckernförde: www.tauchcenter-eckernfoerde.de